兩岸一本正經
終極統一之路

劉益宏 —— 著

目錄

1

統一戰勝獨立　兒子說服父親

2015年12月2日，是個值得紀念的日子。我妹妹告訴我，九十歲的父親在看完我的新書初稿之後，改變台獨主張，贊成一國兩制。

我祖父是日本時代的保正（相當於現在的村長），父親是台灣光復後的鄉公所兵役課長，後來當選鄉長。他訂閱日本《文藝春秋》雜誌，喜歡看日本相撲，支持李登輝，討厭郝柏村，平時只看綠營電視台的政論節目。

我的書由我妹妹負責校稿，她不敢讓同住的父親知道我在臉書上大力鼓吹和平統一、一國兩制。她知道我的孝順出乎天性，對老爸命令的服從，已到了理盲濫情的地步，一旦禁止我繼續發表「賣台」言論，我也只能高喊爸爸萬歲，從此噤聲。

兩天前，妹妹百密一疏，將初稿忘在桌上出門，回家時看見父親戴著老花眼鏡看著初稿入神，她驚出一身冷汗；不料父親竟告訴她，稿子寫得有趣，文筆很好，他要繼續看完。

今天父親看完了，結論是不只好看而且有理，他決定修正以往的見解，支持益宏那個小子的主張。

我從沒有想到自己有能力把這麼墨綠的台獨分子拉進終極統一的陣營，是因為血緣的關係呢？還是我的文章真的有說服力？

2

我主張終極統一的心路歷程

念幼稚園的時候，我家有一個房間住了兩名軍官，他們的步槍和手槍就放在房裡，任我把玩。他們教我如何瞄準和扣扳機，我瞄不準也扣不動，因為槍太重我太小，但小孩玩真槍，至今回想依舊有趣。

不久軍官搬走了，饅頭豆漿也沒得吃了，留下的是一些「殺朱拔毛」的故事和「萬惡共匪」的口號，讓我回味。

我從小就有愛國心，看到軍人會敬禮，哼著「反攻、反攻、反攻大陸去！」的歌曲。認為光復大陸國土、解救大陸同胞天經地義，連寫遠足的作文，都會寫吃便當時千萬別忘了在水深火熱中的大陸同胞正在啃樹根、吃香蕉皮。

1989 年 5 月下旬，我已經在中國時報幹了十一年記者，主動要求潛入「匪區」採訪，繞經馬尼拉飛到廈門。螢

橋幫老大張真現身招待，問我要不要和省長王兆國見面，他可以安排，當時習近平也在福建當官，不過官小沒人提起。

我藉觀光名義，未經批准私自進行採訪，違反大陸規定，當然不能見官方人員；不過在台灣兄弟的幫助下，對兩岸走私偷渡，買賣毒品、黑槍的內情，卻查得一清二楚。

我是社會記者，卻對政治新聞充滿興趣。余紀忠先生曾經問我對新聞的看法，因為他認為我能跑能寫，格局不小，雖然懶散，不守紀律，卻是天生幹記者的料，瑕不掩瑜。我尊重余先生，卻一點都不怕他，笑著回答：「政治新聞應該社會化，社會新聞應該政治化。」他一聽哈哈大笑，讚賞地點頭。有一陣子我在報社一再加薪進爵，很多人以為余先生瘋了，卻不知我曾和余先生私會，說體己的秘密。

我在大陸跑新聞，關注的不只是兩岸犯罪，我思索更多兩岸的未來。1989 年 5 月底，大陸各地都在動亂，藉悼念胡耀邦死亡引發的反官倒、反貪腐、爭民主、爭人權的學生抗議活動，正轉化為反政府的遊行示威。

我直覺會有好戲可看，深入廈門大學和學生同用糧票吃飯，擠在電視機前看新聞報導，參加他們的遊行隊伍，感受風雨欲來的學運氣氛。

大陸學生的資訊少得可憐，很多消息是我和台北聯絡知道後才告訴他們的。學生熱情有餘，卻涉世未深，一經煽動，立即失控。當年學生普遍害怕共產黨，卻不深入了解共產黨，攻擊李鵬之後，開始攻擊鄧小平，讓我看得目瞪口呆。

報社要我回社發稿，我卻不肯離開大陸，希望發生歷史事件時人就在歷史現場。我趕到福州，遊行場景依舊；趕到上海，已有電車遭到破壞。晚間跑到經濟導報門前，聚集的群眾群情激憤，議論紛紛。他們不是學生，交談都用上海話，我一句都聽不懂，心想中國還好有統一的文字，否則廈門人講閩南話，福州人講福州話，上海人講上海話「儂說啥，阿拉不曉得」，國家豈不四分五裂？台灣推行國語，大陸推行普通話，果然有道理。

我在五月底打算到北京，但報社不准我前往；不是怪我抗命，而是出於關懷。長官說：「北京已經戒嚴，准出不准進，擅入可能發生危險。已有特派記者在天安門駐點採訪，為了你自己安全和報社利益，你老大這次乖一點，趕快回來。」長官情真意切，我只好服軟，由上海搭機轉東

京回台北。回台大約四天，人民解放軍開槍，學生血染天安門，新聞震動全世界。

我後悔自己聽命返回台北，錯過此一歷史事件，對共產黨和鄧小平的痛恨，因此而達到頂點。原先我對鄧小平的評價高過蔣經國，他的改革開放險阻重重，不像蔣經國開放兩岸探親和黨禁、報禁，無人敢擋，一言而決。但鄧小平居然在國際的注視下，命令軍隊向手無寸鐵的學生開槍，這不僅是獨裁統治，更是殘暴的行為。

鄧小平飽受文革之禍，怎麼可以如此泯滅人性？我錯看他了。他先罷黜胡耀邦，再罷黜趙紫陽，最後提拔江澤民出任總書記，我認為是一蟹不如一蟹。就像蔣經國打擊林洋港，提拔李登輝，是年老失智錯用了人。不過年紀愈大經歷愈多，我愈覺得以前的見解有待商榷，我現在看問題，

會站在對方立場考慮。

李登輝是大說謊家，蔣經國年老體衰，當然遭他所騙。鄧小平文革動亂的經歷，和蘇聯解體、東歐共黨紛紛下台的國際氛圍，難免讓他採取穩定壓倒一切的最終決策。既然沒有人能在當年的情況下，提出不開槍可保社會平穩過渡的方法，開槍自然成為唯一的選擇。

臧否人物必須心存善念，才能以理服人。口出惡言、潑婦罵街，除了自造口業，不能改善社會，智者不為。

3

共產黨不再共產　共匪已經改頭換面

蔣經國和鄧小平打開了兩岸的交流之門，但民主制度和共產制度，培養出兩種觀念互不相容的國民。大陸民眾羨慕台灣的自由、民主和富裕生活，台灣民眾對大陸的貧窮落後，感覺嫌惡。台胞自認高人一等，視大陸同胞為劣等動物。人民幣被稱為「臭紙」，因為又髒又臭。叫大陸人「死阿陸」，因為難管又難教。台灣幹部派駐大陸，必須給雙薪、加假期，否則沒有人願意在大陸生活。

我見過台灣民眾在大陸吃喝嫖賭，盛氣凌人的醜態，大陸同胞卻只會忍氣吞聲，因而激起俠義心腸，狠訓台灣同胞一頓。少數大陸同胞感激，卻有多數大陸同胞嫌我多事。共產黨早期教育出太多大鍋飯心態的人民，不肯奮發爭取個人權益，得過且過。只會在金錢和特權下低頭，讓人感到悲哀。不過我認為共產心態和馴民心理是制度惹的禍，一旦改變制度，開啟民智，局面自然改觀。

我告訴一心想出國，呼吸自由空氣的交通大學學生，養活十多億人口雖然是很大的負擔，但養活之後卻是可觀的國力，中國終將崛起，不可懷憂喪志。前年我們聚會，大家把我捧成現代諸葛。

我早看出，所謂「有中國特色的社會主義」就不再是共產主義，而是修正後的資本主義了。各盡所能、各取所需，是高調的理想和口號，違反自私自利的人性，只會造成均貧。讓民眾為自己謀福利，下海經商，才是明智之舉。鄧小平掛共產主義招牌，卻主張讓一部分人和地區先富起來再說，就是這個意思。

中華人民共和國在經過江澤民、胡錦濤和習近平，堅持鄧小平改革開放的路線後，已經不是國共內戰時期的共產黨政權了，也已經脫離貧窮落後的社會。大陸已經沒有萬惡

的共匪，只有一心想完成祖國統一大業的炎黃子孫。台灣民眾面對強國崛起，由自尊轉為自卑，是故意視而不見，不願面對現實。持續此一心態，終將後悔莫及！

4

錯誤的領袖　必然禍國殃民

鄧小平的改革開放政策，因繼任者努力推動，方向正確，進步神速，成績耀眼，如今已成世界第二強國。蔣經國的開放解禁政策，由於李登輝和陳水扁的台獨鎖國，走了和他相反的路線，導致經濟日漸衰退，社會內耗空轉。國家選了錯誤的領袖，終會禍國殃民，兩岸發展一進一退，就是活生生的例子。

李登輝以完成統一大業，騙得總統大位。他設立國家統一委員會，卻成了台獨黑金教父。不但沒有承續蔣經國兩岸交流的政策，反而另起爐灶，用「戒急用忍」澆熄兩岸往來日漸興旺的火種。他那裡是蔣經國的學生，根本是中華民國的叛徒。他誤判大陸發展局勢之離譜，已經成了全球笑柄。

李登輝曾預言，江澤民地位不穩，中國即將崩潰，解放軍

只會經商不會打仗，台灣和中國是「特殊國與國關係」。他夜郎自大，看不起中共，不怕兩岸發生戰爭，輕易啟釁。要不是美國出動航空母艦戰鬥群守護台灣，中華民國早就向中華人民共和國投降，結束國共內戰。

李登輝丟掉國民黨政權不以為忤，快樂地協助民進黨執政。陳水扁堅定實施去中國化、烽火外交等台獨路線。李登輝執政十二年，加上陳水扁執政八年，海峽兩岸交流不進反退。台灣在內憂外患的環境中，變窮變弱，相對於大陸日新月異的發展，台灣人民真是可憐。

馬英九為國民黨奪回執政權，反獨立場明確，但為了避免「傾中賣台」的批評，謹小慎微。他以維護中華民國一中憲法的名義，採取「不統、不獨、不武」的策略，加速兩岸交流腳步，將台灣帶上終極統一的起點。台獨勢力痛加

撻伐，但中國大陸因他而對台灣民眾大幅讓利。

他的改革措施，在民進黨的杯葛下，推動困難。辛苦達成的政績，也因抹黑而暗淡。如果沒有習近平大力加持，在下台前半年送給他歷史性的「馬習會」，他的歷史定位，將是中華民國最含冤忍辱的跛腳總統。

5

蔡英文不吃鴻門宴　就沒有蔡習會

有一些研究兩岸問題的學者專家，分析大陸情勢，讓人笑
掉大牙。習近平出任中共領導時，居然有專書分析他是中
共有史以來最弱勢的總書記。他的身材長相、言行舉止，
流露出不怒而威的自信和霸氣，怎麼會是弱者？

我倒認為習近平是中共有史以來最強勢的總書記。他不像
毛澤東、鄧小平等人，打出一片江山，看過千萬人頭落
地，發怒中帶著殺氣。他的威儀來自早年苦難的磨練，後
期培養的成績，及平時讀書養氣散發而出的光采。蔡英文
看見他，氣勢會先矮半截。

今年九三大閱兵，習近平和連戰的會面，展現他不會拋
棄落寞故友的情義。不久前在新加坡舉辦的「馬習會」，
則是他刻意送給馬英九的驚喜。否則他不會事先警告國台
辦，如果辦事不力，「馬習會」出了差池，小心人頭落地。

「馬習會」這種大禮，不是蔡英文準總統想有就有。兩岸談判，台灣強調對等尊嚴，其實是大陸吃虧，台灣獲利。大陸是聯合國安理會的常任理事國，台灣是什麼？是中華民國嗎？國格在那裡？

就算中華民國尚未滅亡，中華民國總統的權威和代表性，也比中華人民共和國主席差太多。習近平在大陸，大小事都可拍板定案。馬英九在台灣，答應的事常被推翻。習近平肯和他談，不提頭銜，互稱先生，難道不是擔負自我矮化風險，給馬英九做足面子？這也顯示習大大夠硬、夠穩，才能不畏人言，放軟身子。

如果不是真有實力的強勢總書記，不敢如此強力打倒盤根錯節的貪污猛虎，不手軟，不停歇。他對落網者並未趕盡殺絕，留他們一命。除了展示鐵血柔情，同時宣告無畏生

者報復。這種性格，相當罕見。

以習近平的強勢，居然對馬英九示弱，可見促成「馬習會」，多麼難得。他們可以聊林洋港喝酒時表面張力的趣事，因為習近平主政福建時，招待過阿港伯吃飯喝酒。馬英九和他大女兒都念過哈佛大學，習近平女兒習明澤也曾在哈佛就讀，說到波士頓和哈佛，備覺親切。馬習都寫得一手好書法，喜歡中國固有文化，酒逢知己，其樂融融。蔡英文就算真心拋棄台獨主張，承認一個中國原則，促成了蔡習會，也不可能有會後的溫馨晚宴，因為話不投機。

我大膽預測，以習近平對「一中原則」的強硬態度，蔡英文當選總統之後，沒有「一中各表」的空間。蔡英文除非想吃鴻門宴，否則不可能有蔡習會。

6

習近平的和平統一時間表

「馬習會」意外成局，讓民進黨如遭突襲，顯示習近平心中已有和平統一的時間表。

習近平是毛澤東、鄧小平之後最能掌控軍隊的軍委會主席和共產黨總書記。他和軍方的淵源，遠在胡錦濤之上，因此執政態度之強硬，全世界都感到壓力。

如果國民黨去年和今年的選情不是如此低迷，中共或許視兩岸關係為非急迫問題。但台獨力量快速集結，不出聲警告，台灣民心離祖國會愈來愈遠。

習近平正規劃中華民族的偉大復興，是十三億大陸民眾的共同偶像，他只能收回台灣，而不是把台灣丟掉。不了解他使命感的人，會輕忽他反獨促統的警告，直到地動山搖。

習近平的七年任期，就是兩岸和平統一的時間表。如果不趕快進行和平談判，連「一國兩制」的特殊優惠都爭取不到。蔡英文今後只能談「一個中國」；「各自表述」將被打臉。消滅國民黨和國民黨創立的中華民國，本來就是她的志願，她會如願以償；但念茲在茲的台灣共和國，卻成泡影。

在共產制度和民主制度的選項中，蔡英文當然選擇民主制度。「一國兩制、終極統一」將會在蔡習會的和平談判中完成。

路就在眼前，終極統一是台灣唯一的活路。七年之內應驗！

不信者歡迎打賭！！

周玉蔻是胡忠信的小公主

胡忠信鬧出台灣政壇即將成為一片廢墟的假預言之後，成了令人不齒的假記者，每天被真記者追著跑，惶惶如喪家之犬。如果他能閉關自省幾天，我或許放他一馬。不料他卻天天上張啟楷的《新聞追追追》，和其他名嘴一起追事實、追內幕、追到底，不肯放過通告費。

張叔明當中國時報採訪主任時，有一次發給我一封採訪獎，我沒有拆開，當場退回。他問為什麼。我說因為我知廉恥，這種以獎金為名的補貼，受之有愧。叔明哈哈大笑，給了我一拳，「沒想到你這土匪居然知道廉恥！」

在時報，知恥的土匪都要挨拳，在年代，無恥的名嘴卻在搶鈔。練台生啊練台生，你是管不動，還是故意不管？

四年前，我還在跑攤當名嘴。圈裡出了這個敗類，豈能坐

視不理。我在每個節目，都把他當例子，修理得「金熠熠」。

最快加入修理胡忠信行列的名嘴是周玉蔻。她多次和我同台，胖手一指，連珠砲的批判傾巢而出。眼珠一瞪，氣壯山河。她認為，胡忠信這種小人，早該退出新聞界。「我和他是老交情，他送過書給我，我出國回來，也回送他領帶。」

為了顯示兩人的非凡交情，周玉蔻說胡忠信有一陣子常在午夜時分打電話給她「小公主，你怎麼這麼晚才回來？」電話接通就不肯放下，讓她窮於應付。我對女人也算經驗老到，心想妳如果不想講，電話掛掉不就得了。一個巴掌拍得響嗎？

不過我經驗再豐富，也想不出可以叫周玉蔻「小公主」。她年紀不小，個子不高，雖然聲有嗲音，卻臨老裝萌，和小公主差了十萬八千里。胡忠信是從那本書得到的靈感，想出如此匪夷所思的稱號，打開女人的心鎖的？是曹雪芹的《紅樓夢》，還是孔尚任的《桃花扇》？

胡忠信和周玉蔻化敵為友

我痛打胡忠信時，周玉蔻在旁助陣，因而視她為同道。她在試音時，別人都說「123123」，她卻說「劉益宏是大帥哥」。我面目可憎，她竟公然在攝影棚內以帥哥相稱，就算諷刺，也足慰平生。她當過聯合報採訪主任，我做過中國時報副總編輯，出身名門正派，談新聞、論時事，當然投機。沒想到我離開電視圈後，她卻和胡忠信同流，整個人都變了。

很多人曾經告訴我，周玉蔻是個變色龍，那裡有利那裡靠。不但會利用記者身分特權關說，還會造謠生事、做假新聞。她的本質和胡忠信一模一樣，要我對她小心點，不要當她的後盾，否則後悔莫及。

這些警告，我全不放在心裡。她曾問我，萬一有人恐嚇，能否報我名號解圍？我回答當然可以，不過也要對方肯賣

我面子才行。有一天她電台的廣播節目想訪問白狼張安樂，向我求助。我二話不說，給她白狼大陸手機號碼，「妳直接打給他，說是我說的，他一定肯。」當時白狼尚未回國，知道他電話和行蹤的人不多。她半信半疑，事成之後高興地向我致謝，自稱小妹，叫我大哥。

還有一次她在電視節目上不知說了什麼，葛樹人打電話進去抗議。周玉蔻把我抬了出來，嗆說「我昨晚才和劉益宏同台，他說的和我們一樣。劉益宏總比你資深吧。」

周玉蔻嗆葛樹人，未經我同意。我的說法和她說的也不見得相同。萬一葛樹人不賣我面子回嗆而吵了起來，不是逼我不得不出面處理嗎？她這種惹事生非的作風，其實是要不得的。但當年我把她當自己人，認為是無心之失，提都沒提。

直到周玉蔻這陣子和胡忠信同台，兩人一搭一唱，同體合拍，一個「我要公開肯定周玉蔻小姐」；一個「胡忠信先生講得沒錯」，我看得實在作噁。

胡忠信先生，你知道你的小公主以前私下把你講得多不堪嗎？周玉蔻小姐，你以前把他當成小人的傢伙，現在為什麼又變成君子了？我很疑惑，是什麼原因讓你倆化敵為友？

高金素梅畫眉時　胡忠信含情脈脈

胡忠信經常在電視節目上說「輸贏看老婆」，凸顯他太太賢慧，和他對老婆的敬畏。「小公主」事件發生後，我問周玉蔻，胡忠信這個偽君子，真的是愛妻顧家的男人嗎？周玉蔻哈哈大笑表示：「他不但是個小人，還是個色鬼。」

我一聽大驚，小人我知道，但色鬼卻出人意表。「難道他追過妳？」玉蔻小妹笑得曖昧，不承認也不否認。不過她卻告訴我，胡忠信雖然在電視上人模人樣，滿口仁義道德，但私底下性好漁色，見到美女，會流口水。

我一聽笑了。「那隻貓兒不偷腥，我還買春呢。」「那不同。你劉老大買春，全世界都知道，根本不是新聞。不買才是。胡忠信和高金素梅有一腿。」「真的嗎，當立委的那個高金？」

周玉蔻嘲笑我身為資深社會記者，竟然連這個傳遍名嘴圈的八卦新聞都不知道。「你忘了有一次高金素梅選立委，幫她搞文宣、出點子的人就是胡忠信嗎？事情就是那時發生的。」她為了證明所言不虛，還把胡忠信如何陪高金素梅到 TVBS 上節目，如何在化妝室指點粉該撲多撲少、眉該畫淺畫深，說得活靈活現。「高金化妝時，每一步驟都會轉頭看胡忠信，他搖頭就重來，他點頭就 Ok，最後他笑了代表大功告成。」

周玉蔻說我若不信，可以到 TVBS 的化妝室求證。「胡忠信那種默默含情的眼神，溢於言表的關切，化妝室的人既感動又好笑。至今依然印象深刻。」

我才懶得管事情真假，當然不會去查。不過萬一是真的，我倒有點欣賞他了。他學歷史，當然知道漢朝張敞為老婆

畫眉的故事。舉案齊眉的佳話重現於今日，請大家為胡忠
信按讚。

喇叭是銅　鍋是鐵

現在知道我說要讓胡忠信和周玉蔻兩人了解「喇叭是銅、鍋是鐵」的意思了吧。

早期的鐵只能製造鍋子，炒炒空心菜勉強還行，不小心掉地，「噹」的一聲，碎了。

喇叭要吹出音樂來，「多雷米發索拉西」，掉地不碎，撿起再吹，多雷米、多雷米……。

砸再多鐵鍋，也只能噹噹噹，聽不到多雷米。

名嘴要吹得好聽，必須是銅的原料，做得出喇叭才行。

要聽聲音，再多的鐵鍋敵不過一隻喇叭。我是多雷米發索拉西，他們是噹噹噹噹噹噹噹，這能比嗎？

懂了吧。

2015.08.29

網路世代的新用語

原來「把板凳搬來」是等著看好戲。

我一人唱獨角戲，怎麼會有好戲？

周玉蔻，妳一審官司輸給郭台銘，都敢嗆他「敬酒不吃吃罰酒」。胡忠信，你嗆馬英九、習近平有如大哥教訓小弟。我這樣修理你倆好幾天了，為何裝聾作啞，不睬不理？

你們沒有臉書嗎？我雖然剛學，也可以教你。只要不怕難，肯熬夜，沒問題的。真的！

不要讓我再唱獨角戲了。對我不屑放一邊，看看台下那麼多板凳的分上，勉為其難露個臉吧。

別讓觀眾不開心。你們出來，我通告費照給，這總行吧？

各位觀眾朋友，讓我們大家一起用力喊，把他們喊出來，
並給兩人按一千個讚，讚讚讚……，一千個連「戰」。

開始喊！

網路酸辣湯　居然不酸不辣

撰寫貼文一點開，閃出的字就問「在想什麼」。

我在想胡忠信和周玉蔻為什麼喊不出來？他們當然怕我，原因下次再說。

對不懂網路的人而言，網路是虛擬世界，像我以前一樣，報紙不引述，電視不報導，大家叫得再大聲，罵得再有理，實體世界不知道。他們當然樂得裝傻，以免此一網內發燒事件洩出網外，引起軒然大波。

唐湘龍、陳鳳馨，你們不是在電視上主持《網路酸辣湯》嗎？這麼精彩的網路事件，你們可以不加強報導嗎？

一個你們都認識的劉老大，短短幾天光講胡周兩人就從電腦白痴成了網路紅人，這不是新聞嗎？忍痛寫稿、熬夜學

習，這不勵志嗎？要大家給胡周按一千個連「戰」（讚），這不幽默嗎？黃光芹批判周玉蔻是變色龍、編假新聞，周立即提告，卻不告劉益宏，這不奇怪嗎？

引用我的話，掀開兩人的假面具，逼他們出面告我，不但是真正記者該做的事，也有助提高收視率，這才是酸辣湯，也才對得起那麼多「板凳」。

唐湘龍，陳鳳馨，你們聽到了吧！

胡忠信公然拍陳文茜馬屁

陳文茜曾公開說過，她這一輩子都要當劉益宏的朋友，不會與我為敵，因為她曾目睹我如何對胡忠信「千刀萬里追」。

陳文茜和周玉蔻之間的恩恩怨怨，我在私下場合不小心聽到的趣事多了。但除了比矮，陳不如周之外，不論是語言、學識、格局見解、心機腦袋，周玉蔻差陳文茜太遠了。陳文茜主動退出政論節目之前，大家只聽到文茜姊，那來的蔻蔻姊。

胡忠信是陳文茜捧紅的。他在節目上對陳文茜的溢美之詞已經夠噁心了，廣告時間那種無時無刻見機拍馬屁的舉動，更會讓人吐血。每當陳文茜被拍得哈哈大笑時，我和沈富雄往往對視搖頭，心意相通。真是個無恥的傢伙！

胡忠信每次讓益宏不開心，就會私下賠笑臉，恭敬地說「敬謹受教」。我以為那是知錯能改的意思，也就不為己甚，放他一馬。江湖人物不是說，光棍打九九，不打加一嗎？給人留條生路，也算做了功德。

但胡忠信設計檢察總長陳聰明的「魚翅宴事件」太可惡了，再如何敬謹受教都不能輕輕放過，尤其我發現劉老大被愚弄了。所謂敬謹受教，並不代表他認錯，也可解釋成你劉老大要說的，我胡某人知道了，但我沒錯，是你罵錯。我怕你，在淫威下低頭。這豈不「一中同表」退回到「一中各表」？模糊空間太大了。

不敢戰鬥　如何闖天下

我在大學一年級時，由於按照興趣選系，不像他人按校排名，高分低發，進了以法科出名的東吳法律系，成了校狀元，學號 570001。

選班長時，互相都不認識，大家只好選我。當選致詞時，很多台北的時髦男女，起哄要我辦迎新舞會，心懷不軌，想看我漏氣。那時他們穿得很潮，我卻穿著拆了符號的高中制服，要多土有多土。舞會我聽過卻沒見過，從澎湖鄉下漂洋過海到台北，形單影隻。台北、台中來的都市小屁孩竟想為難我，不給他們一個下馬威，以後班級怎麼帶？

澎湖是離島，我住西嶼鄉，和馬公本島之間沒橋有船，是離島中的離島。最高學府只有馬公中學一家，離島學生全部住校，一周只能回家一次。冬天風大，船不開時想到下次回家還要等七天，偷偷跑到馬公海邊，遙望家鄉，思念

父母，熱淚潸然而下。

掉淚不僅因為想家，還因為霸凌。宿舍住著從初一到高三
的小孩，各種形式的霸凌都有，年紀愈小，受害愈多，最
後卻融為一夥。但換個角度，生命的成長我比都市小屁孩
見多識廣。

我從小和天鬥和人鬥，想用舞會為難我，門兒都沒有。我
從容走上台，驕傲地指著身上的高中制服說：「各位，我
的學校是馬祖的丈夫『馬公』中學。沒跳過舞，班長沒有
辦舞會的義務，愛跳者自行處理。」簡單有力，揚長而去。
一次立威演說，全班從此聽令。

那像馬政府，高票當選，卻號令不行。滿朝文武，找不出
真正的男子漢。女人勇敢出來了，又不團結抵禦外侮。我

常勉勵因輸錢而垂頭喪氣的同事說：「你他媽的給老子挺起胸膛正步走，不就幾個錢嗎？打敗仗更要軍容整齊，雄壯威武。下次贏回來就是了！」聽者覺得有趣，成為麻壇名言。

後來的迎新舞會，那些權貴二代小屁孩主動辦了，希望劉班長大屁孩賞光，給個面子。我從小最怕人服軟，人家一軟我也軟了，氣一消就不硬，以前如此，現在還是如此。你說奇怪不奇怪？

就為那個第一次，我動員東吳男生宿舍的所有舞棍熬夜教舞，除了探戈之外，什麼吉魯巴、恰恰、倫巴、華爾滋等一夜全學會。當晚開舞之後又跳通宵，技驚全場。劉班長熬夜練舞的故事，轟動「武」林，成為舞壇佳話。

各位放心，既然答應掃除不良名嘴重任，我會再次轟動網壇，讓那些不管是打網球或逛網路的壞蛋望風而逃。我自會找出讓自己迅速成長的方式，你們搬板凳就行了。

目睹胡忠信挨罵　陳文茜愛莫能助

我從小就有兩個大毛病。一是外表強悍，內心溫柔；遇強
更強，遇弱更弱。二是我愛真理，更愛朋友。上電視大義
滅親賺通告費的事，我做不來，只好選擇不說。

胡忠信了解我的個性，以前老是用「敬謹受教」愚弄我。
我粗鄙無文，那知道他連道歉都暗藏玄機？

魚翅宴事件，他發現我不再因他服軟而軟化，四處逃竄，
避免和我打照面，不料在《文茜小妹大》中竟敢和我同
台。老鼠不怕貓，當然仗恃後面有老虎撐腰。我心中冷
笑，他真是錯估了情勢，高估了文茜。

我平時修理人是拿機關槍，對空一陣掃射，看似火力十
足，其實意在警告，並不傷人。他那會想到，在陳文茜的
保護下，我敢拿出導向飛彈，鎖定目標追擊，意圖置他於
死地。

一般政論節目，主持人有很大的權威，來賓多少都會買帳，以免收不到下次通告。尤其陳文茜這種天后級的紅牌，權威更是不容挑戰。但他們忘了劉老大雖然講話結巴，口齒不清，是個業餘的 C 咖名嘴，但卻是自視甚高的怪咖。陳文茜是我朋友，那裡是老虎？我上她節目是基於朋友之情，給她面子。區區通告費，不拿都無所謂。

當時最夯的話題是陳水扁的貪腐案，真正的事實和內幕只有我知道，其他人跑不出來。陳文茜幾乎每天上午都會打電話給我，打聽事件發展的進度和方向。我為了怕她聽其他記者吹牛有損英名，多少透露一些消息給她。

我欣賞陳文茜的認真和專業，她也尊重我是講義氣的好漢。我在她節目酸酸她，她不以為意。其他來賓不行，她會翻臉。

真不知道胡忠信怎麼向陳文茜哀求的，陳文茜果然護著他，不讓我發言。我心中一把火，廣告時勃然大怒，拔掉麥克風往桌上一拍，走了。離開前我向文茜說，我先在外頭等，下一節妳不開門請我進來罵胡忠信，老子今後不再上妳的節目。

果然下一節開始前，錄影室的門開了，《文茜小妹大》節目恭請劉老大進場罵同台嘉賓「政治評論家胡忠信先生」。平時口條不佳的劉老大則一反常態，口若懸河，把「胡偽善」罵得一佛出世、二佛升天。看到其他來賓偷偷比讚，忠信小弟乖乖挨罵，大氣都不敢出一聲，真爽。

怎麼樣，夠跩吧！

亦狂亦俠亦溫文

時報老友送我「亦狂亦俠亦溫文」的條幅，我原先以為貼切，高興了許多天，不過最近午夜夢迴，愈想愈不對。

其實我應該比李敖還狂的。他在我眼裡根本是個假貨，大家卻怕他。我在電視上公開罵他是小丑，那裡是大師，他卻不敢告我，李敖不是很喜歡告人嗎？我保留了置他於死的武器，放他一條生路，他卻不知悔改，猖狂依舊。比起他來，我不但不狂，反而顯得過於謙虛。

我不配稱俠。一般人眼中的大俠，應該像胡忠信、周玉蔻所強調的「吾愛吾師、吾更愛真理」。基於新聞專業、為了大是大非，必須大義滅親。

周玉蔻在追殺馬英九時，談起馬總統破例到她父親靈堂上香祭奠的往事，淚流滿面。看著周小公主在螢光幕前哭得那樣難過、難看，我也被騙得一陣心酸。專業記者就該有

這種伸張正義的精神，才是俠之大者。但我能知不能行，連當個小俠都不配，頂多算個文化流氓而已。

溫文兩字說得比較有理。天天開槍，火力十足，溫度自然高。罵人不帶髒字眼，不念幾篇文章做不到。

老友，「亦狂亦俠亦溫文」的條幅我受之有愧，另寫一張送我，去掉狂俠，只留「溫文」兩字。

（附註）

「亦狂亦俠亦溫文」出自清‧龔自珍《己亥雜詩》之〈別黃蓉石比部玉階〉：

不是逢人苦譽君　亦狂亦俠亦溫文
照人膽似秦時月　送我情如嶺上雲

名嘴政客都需要開導監督

當我看了《李光耀觀天下》這本書時，大吃一驚，怎麼和我的觀點雷同。他是世界級的政治領袖，備受推崇，只有李登輝例外。

我不像李光耀，走遍天下，只跑過世界各大賭場，竟然和他心意相通。可見我的政治段數也是世界級的，難怪會一直看不起阿輝伯。

今後我不會只修理名嘴了，有些太臭屁的政客也必須開導開導，否則台灣永遠不會好。

各位，我這麼說會不會也太臭屁了？

北京閱兵雄壯威武　台灣募兵四處碰壁

這幾天都在看臉書，沒看電視報紙。為了看中共九三大閱兵，將電視打開，哇，真的好看。再轉到壹電視看政論，哇，真的難看。感想如下：

（一）那種閱兵軍威必定震撼全球。各國領袖不是看現場，就是看電視，反正非看不可。因為了解中共軍力，是每個領導人的職務，何況沒有任何國家可以演得更精彩，不看可惜。

（二）連戰可以在家看，為什麼不能到現場看？他去了矮化國格，不去國格就提高了？國格跟著連戰走，他是連國格，又是連爺爺。今後有罵連戰者，應依不敬尊長、侮辱國格，嚴加譴責。

（三）台灣由於年輕人不願當兵，募兵不成恢復徵兵。但

遭到徵召的人員和家屬，卻把馬政府罵得臭頭。習近平宣布裁軍三十萬，正是我們向這群失業者招募的好機會。否則國際傭兵募不到，大陸傭兵不敢募，自己青年又反對徵兵，請問兵從何來？難道有請抗戰老兵保家衛國？

（四）就算大家都是勇敢的台灣人，「一寸山河一寸血、十萬青年十萬軍」，像以色列一樣全民皆兵，但我們的國軍打得過中共的人民解放軍嗎？一旦兩岸開戰，美國、日本、菲律賓，那一國肯出兵協防台灣？

（五）中共實在太無恥了，不但偷偷用飛彈瞄準我們，還用閱兵公開秀肌肉給我們看。我們雖然對付不了中共，但對付連戰綽綽有餘。他不聽勸阻，公然跑去大陸向習近平遞降表，這種國格我們不要了。我要學台灣的愛國同胞，警告連戰：「不准回台」，讓大家消氣。

我也要學胡忠信向北京勇敢喊話：「習近平、連爺爺，我知道你們現在都在偷看我的臉書，我既不尊敬你，更沒有在怕你，不相信，那一位過來試試！」

向落難的連戰伸出援手

有人說台灣最美的風景是人，平時是，但選舉時不是。為了騙選票，蔡英文可以接受馬英九路線。洪秀柱「一中同表」退回到「一中各表」。馬英九洋洋得意，強調還是他的「不統、不獨、不武」高明，要大家向他看齊。

可憐的連戰，沒有人幫忙說話，大聲為他喊冤的只有劉益宏。

我不認識連戰，沒吃過飯，收過禮，談過話，或是遠遠看過他。連戰家族我只和連勝文同上過一次電視政論節目，握過一次手，但隔天晚上他就挨了槍。

連勝文挨槍，連戰含悲為藍營助選後再趕赴醫院那一幕，大家忘了？連柯 P 都強調要不是他不分藍綠，搶救得宜，連大公子的小命可能不保。綠營罵連勝文和救命恩人選市

長是忘恩負義，到處一片「別讓勝文不開心」的譏笑聲。

柯文哲公開說他是墨綠的。去一趟上海回來，講幾句屁話，成了兩岸新貴，有人要他不准回來嗎？柯P主動要求看共產黨第一屆在上海開會的房子，因為深具歷史意義。參觀了四行倉庫，因為那是國軍英勇抗日的地點。他有抗議中共竄改史實，對不起蔣委員長嗎？有人罵他不忠國家，回來之後將讓他好看嗎？

連戰推動兩岸破冰，兒子輸了選舉，到北京看個閱兵，就被姚立明這種有政治立場的名嘴說成汪精衛，被一群挺柱的小屁孩罵為了個人生意私利，不顧國民黨選舉大局。天啊，全球史上最精彩的閱兵不能去，何時才能去？

如果中共不邀連戰或連戰不去，會生出什麼話來？已經有

橘營的人吹牛說，本來是只邀老宋一人的，宋楚瑜不去才改換成連戰。因此宋楚瑜是勇敢的「老骨力」，不但最會做事，也最識大體。

我的見解和主流民意不同，要為習近平和連戰兩人按讚。習大大在連爺爺失勢時，不忘給他溫暖；連爺爺在台灣一片叫罵聲中，毅然赴京勇敢回報，兩人都表現得有情有義，是高尚的君子行為。

台灣民眾對連戰和習近平的道義之交視而不見，只在國共抗戰的歷史事實中惹事生非。「去他的歷史事實！」今天台灣發生的新聞都各說各話，真假難分了，何況是七十年前的歷史？

兩岸同屬一中　連戰如何叛亂？

連戰才從北京回來，台獨分子就向台灣高檢署控告他涉嫌叛亂。

我如果是連戰，最害怕的是沒有人告我。沒有人告都要找自己人敲鑼打鼓去告，有人告正中下懷，這是千載難逢，為自己公開辯駁的大好機會，別錯過了。

在民進黨的努力推動下，刑法一百條早已廢除，思想不能叛國，除非招兵買馬，有具體的顛覆行動。到北京看閱兵，又不是向習近平借兵攻台，那來的內亂外患？

依照馬英九的「九二共識、一中各表」，大陸是中華民國的。蔡英文要繼續馬英九路線，當然其心同、其理同。否則她就必須講清楚她的台獨主張。在自己國土上看閱兵不行嗎？

台灣是地名，不是國名，所以「台灣是個主權獨立國家」的說法是錯的。不是國家，那有主權？沒有主權，如何獨立？

中華民國才是個主權獨立的國家。由於中華人民共和國從來沒有統治過台灣，兩岸尚未透過和平談判結束戰爭狀態，中華民國一息尚存，所以馬總統認為兩岸關係「時敵時友」。請問何時為敵，何時為友？時間點由誰決定？若接受友邦邀請，參加友邦慶典，返國成為叛亂犯，豈不讓人笑掉大牙？

連戰是政治博士，當過行政院長，這些政治觀點和法律常識，當然一點就通；挨告怕什麼？有力的辯駁才是重點。

各位，搬凳子囉！

卅年前關說司法案件的「公道伯」

大約在三十年前，我主跑司法新聞，調查局和各地檢署的重大新聞都歸我管。

有一天下午，一位我佈線的調查局幹員打電話給我，氣急敗壞地說，台北市調查處正在約談中纖董事長王朝慶，不料卻有包括王金平在內的三名現任立委前往關說，造成辦案人員極大的壓力和困擾，請我前往幫幫忙，以免司法公信力受損。

我一聽怒不可遏。特權關說已經過分了，還一去就是三個。「我馬上就到！」開車急奔市調處。

車在途中，我又接獲通知：「人犯已送台北地檢署，關說立委尾隨其後。老哥不必來了，直接前往地檢署吧！」我調轉車頭，到達地檢署，衝進檢察長辦公室。秘書小姐一

見是我，不但不攔，還泡上好茶，讓我坐等。

檢察長的辦公室關著，但傳出陣陣咆哮聲，非要檢方讓王朝慶交保不可。如果膽敢將他收押，今後大家走著瞧。

我跑新聞，還沒見過這麼囂張的關說者。關說、關說，關起門來輕輕說，那有關起門還大呼小叫的。看著三名立委揚長而去，檢察長垂頭喪氣，一臉委屈，我安慰他：「沒關係，你依法辦理，我幫你出氣！」結果是王朝慶收押了，三名立委上報了。

胡忠信大哥，你是明白人，請你評評理。王金平和劉益宏，那位較像公道伯？

擁抱胡忠信　直到地老天荒

有人問我以後會不會每日一爆，我說不止吧。為什麼？

（一）我認識的人夠多。如林洋港、馬英九，吳敦義、蔡英文、柯建銘、陳明文、張花冠、李傳洪、蔡衍明、蔡得勝、賴幸媛、陳啟禮、張安樂、黃少岑、楊光南、顏清標、林清標、呂崇民、羅福助……等等，族繁不及備載。

（二）司法圈、警察圈、記者圈、名嘴圈，夠分量的，不是我朋友，就是我小老弟。

（三）劉文雄要介紹宋楚瑜給我，我拒絕。王金平的許多友人邀我去立法院，我不去。原因是我一旦和他們結緣，就會為情所困。李敖和我同上《新聞面對面》，想送書對我示好。我公開嗆他，你的書沒進步，不值得我看。何況我馬上就要罵你，現在豈能收禮？他聽得差點暈倒。

（四）胡忠信我早就要修理他了，周玉蔻是後來加的。胡忠信這個偽君子，滿嘴仁義道德，一肚子髒水，不殺他祭旗，劉老大愧對天下蒼生，重出江湖毫無意義。

（五）胡忠信的朋友，就是劉老大的敵人。王金平真倒楣，就因為他稱王是公道伯，讓我想起三十年前的舊事。

（六）青山不改，綠水長流。只要忠信兄還在台上唱山歌，劉老大就在台下潑髒水。我會擁抱他，不離不棄，直到海枯石爛，地老天荒。

所以，我有把握，每日不止一爆。把板凳固定好！

胡忠信是學舌的八哥鳥

我第一次和胡忠信同台，是在李艷秋主持的節目上談司法問題，來賓還有范立達。阿達和我都是跑司法的行家，只有他不是。連題目都不懂，還敢接通告的，大概只有他了。

胡忠信欺生，拉我到旁邊私下請教。開播後搶發言，說的全是我教他的。現買現賣，像隻學舌的八哥鳥，重點全被他說了；要不是肚子有貨，我還真不知道接著說些什麼。

不過當年我沒怪他，反倒欣賞他。認為他上電視，上電台，為書寫序，學貫中西，法律不懂也是應該的，因為他太忙了。

直到我發現他是個偽君子後，開始追殺，他一見我就跑。就像國共內戰時，國軍一聽解放軍到，立即望風而逃的名

言：「我軍轉進迅速，敵軍追趕不及。」

周天瑞嫁女兒的婚宴上，張啟楷向我敬酒。我向啟楷說，安排一天我和胡忠信同台如何？嚇得啟楷面無人色。老鼠如此怕貓，怎麼可能同台？

總統大選　勝負早已決定

早上起來本想說些有趣的故事，讓自己爽一下，但看到一些挺柱的小屁孩發言之無知，心中一把無名火，只好綜合答覆如下：

（一）我玩臉書，邊寫心得，邊寫日記。唯一的社會責任是清除媒體敗類，不是打壓言論自由。我出身媒體，對胡忠信，周玉蔻等人的表現，有損我們聲譽，只好加以聲討。不是當洪秀柱的殺手，幫她掃除政敵。

（二）這次總統大選勝負早已決定，當然是蔡英文當選，民進黨大勝。對台灣百姓而言，這也是最好結局。因為獨立的氣氛愈盛，統一的腳步愈快。為什麼？因為你們聽不懂，所以不告訴你們。不信大家賭一賭。

（三）洪秀柱不敢說出「一中同表」的真意，一樣是虛假的政客，不值得我提供火力。

（四）台灣有再多的外援，都打不過習近平，因此任何人當選都一樣。

（五）你們說我只說兩成事實，八成都在凸顯自己，像李敖一樣，要我趕快爆料，講緋聞。對不起，你們看錯我了。我不但無料可爆，而且十成都在凸顯自己，因為十成都是事實。

（六）你們知道六十而耳順的真正意義嗎？就是老人家只聽順耳的話。

（七）我不在乎一言堂，也不必為錢衝流量。有沒有粉絲，意義不大。已經有太多老友在我這裡了，跟他們談談心，余願足矣。

（八）再見了，小屁孩！

挺柱小屁孩　搞得天怒人怨

我現在知道洪秀柱為什麼會把一場選舉搞成天怒人怨了，因為用了你們這批自以為是的小屁孩。

你們真大膽，叫我不要再舖陳了，把握時效，直接對綠營開戰。我沒被人檢舉停權，就是沒有打到綠營痛腳。你們希望我被停權嗎？你們在指揮我嗎？

告訴我綠營的痛腳在那裡？你們轟幾炮示範示範？你們被停權過吧？原因是內容不實或口出髒言？

我什麼時候答應你們要挺柱轟綠的？我不能三個都挺或三個都轟嗎？我學臉書是為自己高興，愛怎麼舖陳就怎麼舖陳，更沒有時效問題。我出國玩三年不行嗎？我要每天交稿嗎？周玉蔻、胡忠信如果改過遷善，我不能給他們按讚嗎？

你們除了電腦操作比我強之外，其他都差我太遠。我不是馬政府，不怕學生霸占立法院或教育部。學生需要教育，小屁孩需要指導，周天觀需要鞭刑。

不自我反省，惹毛了我，我就把你們炮決。這叫實力。

劉特首揚言　五年內拿下台灣

學臉書讓我悟出了一個很簡單的和平統一，一國兩制的方法，只要習近平充分信任我，讓我當台灣特首，五年內不拿下台灣，立刻把我殺了。辦法如下：

（一）命劉益宏為台灣特首兼中央軍委副主席。除習大大可以干涉外，所有台灣事務，由劉老大獨立行使職權。

（二）台灣人到大陸辦任何事，沒有劉老大審批，一律不許辦。拿有劉老大批文者，一律優先辦，違者槍斃。各級涉台單位裁撤，只留網路高手數名，供其差遣。

（三）劉老大向各軍區、各監獄要人，在一百萬內充分供應，人民幣在五千萬內，各銀行必須照給，超過則送習大大審查同意後放行。各種船艦供其充分調遣，但人、船不得配備武器，打不還手，罵不還口。忍辱負重，誓死如

歸。貪生怕死者，一律槍決。

（四）從各監所先找死囚上陣，坐船登陸台灣，遭槍殺算為國犧牲，從優撫恤。被捕者刑罰全免，但必須留在台灣自謀生活，離開台灣者斬首。死刑之後死緩，死緩之後有期徒刑，犯人死光則換被裁官兵上陣。

這種為祖國和平統一，慷慨赴義的場面，由中央電視台實況轉播，必定震驚世界。試想百萬雄師血染台灣沿海，或百萬人犯擠爆台灣陸地，台灣會不屈服嗎？一百萬不夠，習大大再加兩百萬如何？我估計死刑犯死光前，台灣就投降了。根本無需武力攻台，和平攻台更有效。至柔克至剛，就是這個道理。

不流台灣人一滴血拿下台灣後，由台灣同胞劉益宏出任特

首，合乎台人治台原則，也不必選舉什麼總統。劉特首點子無數，文采風流，治理台灣當然比現在三位候選人都出色。劉特首已經想好治理台灣的方法如下：

（一）裁撤中央政府，祇留臉書正妹。地方政府照常運作，員額、經費、選舉，和目前一模一樣。但因國防外交由習大大負責，節省大量經費，可逐年打消國債和勞健保負擔，避免台灣變成希臘。

（二）劉特首經費，由批文抽成。凡是兩岸機票、貿易、契約等文書，沒劉老大按讚，一律不准。歐美等地區無從管理，就算造福百姓，不抽稅了。劉老大並非貪腐之輩，習大大可以放心。

（三）台灣人如果心懷不軌，劉老大跑回大陸。沒有劉特

首批文，兩岸交往形同斷絕。若想回復中央政府，再來一次和平攻台，習大大手下死士多不勝數，光屍體就嚇壞勇敢的台灣人。

（四）劉老大若遭暗殺死於非命，習大大將替劉特首復仇，依劉老大生前錦囊，宣布於三個月後，在台灣五都各射導彈五顆。三個月緩衝期間，有錢有勢者可移民美、日等國避彈；心向祖國者，可憑預先購買的保命批文，由習大大派船接回大陸暫躲炮火。由於劉老大面惡心善，保命批文一張只賣台幣一百，民眾都買得起，沒有貧賤不能移的問題。

而真正威武不能屈，誓與台灣共存亡的台獨分子不多。三個月到期，台灣幾乎成為孤島，習大大眼見誓死保衛台灣的民眾太少，也就不為己甚，取消發射導彈，派兵將這些

呆胞關進勞動教養所，施以愛國教育。並將避禍大陸的台胞原船運回，另選特首。

劉老大家屬，靠著保命批文二十多億的收入，過著幸福快樂的日子。台灣社會不再統獨惡鬥，避免戰禍之後，和大陸共享和平紅利，從此欣欣向榮。

有誰能像劉老大如此關心兩岸前途又不怕抹紅的，請舉手！

中共飛彈部署　不是要打台灣

各位朋友，今天已達交友上限，也是我選擇離開的時候。在紅塵浪裡翻滾這段期間，大家互切互磋，所有恩怨一筆勾消，我確實太驕傲了。

今天文章很好懂，告訴大家未來台灣的出路，台灣沒有國際問題，只有兩岸問題。習大大正以網路原理治國，開始會慢，但很快就會達到上限，台灣就快加不進去了。

我寫稿是有畫面的。「一帶一路」像不像兩條往前擴張的網路？台灣的格局太小了，當全球看著長安大街的校閱部隊時，台灣卻望著閱兵台，到處找連戰。當中共裁軍宣示永不稱霸時，台灣在爭抗日戰爭誰領導的。通通都是蔣介石打贏的又如何？人家望向未來，你們放眼過去，器量何其小哉！

中共有必要把那麼多導彈對準台灣嗎？把罪犯放到台灣
來讓你打，你都不知怎麼打。台灣讓習近平擺飛彈他勉強
考慮考慮。用飛彈打你，一是浪費了子彈，二是難以善
後。

和平統一，一國兩制，簡單明瞭的方式對兩岸人民最好。
什麼聯邦、邦聯、大屋頂中國，全屬多餘。這樣你們看懂
了嗎？

洪秀柱選總統，唯一能為兩岸人民做出的貢獻是說出真
相，光榮落選。我要走往孤峯頂上了，各位再見！

先結婚再談戀愛　強過先戀愛再結婚

本來要出門登山了，但看了報紙那些兩岸問題專家們的低見，劉特首生氣了。先訓訓他們再走。

（一）九二共識過時了，落伍了，一點都不重要了。本特首說有就有，再多人說沒有還是有。你們不高興，我回北京找大大，批文不賣了可以吧。沒有劉特首按個讚，你到大陸寸步難行。我手無寸鐵，但身後站著打不還手、罵不還口的百萬流血雄師，看誰敢恢復中央政府？最後還不是乖乖請我返台執政。只要大大不死，劉特首一人就吃定全台，那像以前民主時代，選舉亂，國會亂，小屁孩也亂，無處不亂。現在不同了吧？這也好，那也好，特首最好。

（二）不要以為我幹了特首，溫良恭儉讓一些，就敢隨便挑戰我的主張。我當特首了，和其他國家打架應酬的事交給大大操辦，留下一些辦公廳和公務員還待處理，竟偷偷

告訴大大，劉特首不但冗員充斥，還養不少蚊子館。

現在中央和各地台辦的工作，我劉特首一人包了，他們無事可辦，難道不是冗員？主張裁掉他們，把經費留一半給我花，有什麼不對？你們還省一半呢。我早看那些台辦不順眼。專結交連戰、宋楚瑜、柯文哲這些知名人士，對我們這些江湖人物不理不睬。結果讓利愈多，台灣同胞跑得愈遠。真正的知台人物是劉老大，社會記者出身，結交黑白兩道，穿梭上下九流。從八九年起就在海峽兩岸跑新聞，這號台灣響噹噹的英雄人物，到大陸來你們把我當破鞋。特批事業撈不到一件，邀請函更收不到半張。

（三）對付台灣民眾光示好是沒有用的。大家太怕共匪了，太相信老美了。他們不相信劉邦會變成漢高祖，就像無知的大陸人嘲笑劉老大怎麼可以當特首一樣。

（四）各位大陸呆胞，告訴你們一個原則，台灣人民被割、被讓、被殖民慣了，不能先談戀愛再結婚，要先結婚再談戀愛。

怎麼樣，劉益宏有沒有資格當特首？

| 2015.09.10 |

拿掉邦交國　是台灣的解脫

我在想些什麼？

我在想，為什麼有些非常簡單的問題，大家卻看不到答案。他們是知道不願講，還是真的不知道？我和一些大陸的朋友聊天，以前他們態度非常客氣，叫我劉老大，接著益宏兄，再來是益宏，看樣子隨著國力發展，我很快就變成小劉了。

有一天，他們口出狂言：如果蔡英文當選，敢不說九二共識的話，我們就來個地動山搖！劉老大吃軟不吃硬，你把我當成一般嘴硬腿軟的台灣人，加以恫嚇，這可不行。

「我倒要看地如何動，山怎麼搖？」「把二十多個邦交國一口氣拿掉！」「拿掉最好，不拿掉是孫子！」

他們詫異不解，「劉老大，您怎麼説？」

本來不想理他們的，看在又變回劉老大的分上，只好開示幾句：

馬英九是個固執的法匠，但卻是清廉認真的公務員。他的藍色基因，讓大陸放心，所以容許他一中各表。一中各表其實就是兩個中國，不符實際，也維持不了太久。

老馬哥太憨直，不曉得他的兩岸和國際政策，其實是靠習大大在暗中幫忙維持。但劉老大是何等人物，怎麼會看不出老習的用意。

中華民國在聯合國的席位被取代後，蔣經國採取不接觸、不談判、不妥協的方式，拒絕北京招降，並用三民主義統

一中國的口號，防止台灣獨立。他早就看出台獨是台灣的災難，終極統一是必然的趨勢，因而開放兩岸探親。民間血脈互通，統一之路底定。

台灣很少人知道有那些外交國，一口氣全部拿掉，不是威脅，而是解脫。習大大不會胡動亂搖的。

大陸朋友聽得目瞪口呆，紛紛問我該如何做才會動搖台灣？我雖然想當特首，但也不能獻策對付台灣啊。因此我希望蔡英文高票當選，民進黨立委席次過半，反對九二共識，逼習大大出手，才能印證他的作法是否比我的想法高明。

消滅中華民國　完成統一大業

消滅中華民國，不但祖國完成了統一大業，台灣更獲得實質獨立。這麼清楚的路就出現在大家眼前，為什麼還要為統獨爭吵，每天在算一個中國或兩個中國？

中國只有一個，台灣是中國的一部分，這是聯合國所認定的事實，美國、日本、韓國、菲律賓等國也都這麼說。美國只希望海峽兩岸以和平手段完成統一，並不支持台灣獨立，因此希望美國用武力支持台獨，那是痴人說夢，騙選票而已。

鄧小平果然是偉大的政治家，那麼早就想到用「一國兩制」的方法解決港澳台回歸的難題，維護港澳台民眾的權益。該抗議的是大陸同胞，同為中華人民共和國子民，為什麼我們的權益不如港澳台？

如果真如鄧小平答應的，統一後台灣可保有自己的生活方式，實施民主制度，普選特首，法院終審權不變……等等，天啊！那台灣不就實質獨立了，連劉老大都要抗議了。我在台灣，村長都選不上，何況是特首。

我真不知道台灣人民在怕什麼。一不徵兵，二不抽稅，還用天安門前那麼強壯的肌肉保護你，如此誘人的條件竟然抗拒，真是呆胞。

現在的共產黨早已不是國共內戰時的共匪了，他們改革開放以來所取得的成果，令世人側目，令華人驕傲。呆胞們，歷史機運來了，趕快抓住吧！

挨挨和善後　是李登輝的防衛劇本

台灣名嘴之所以獨步全球，令世人驚艷，是因為周玉蔻、姚立明、李應元等人都可以在電視上夸夸其言，大談兩岸軍演。

周玉蔻最好玩，稱讚李登輝當總統時，中共對台文攻武嚇，但社會安定，因為李總統早就準備好十八套劇本，希望馬英九總統比照辦理。她說這不是例行性的軍事演練，是有計劃地恐嚇台灣民眾，連她都感到害怕，馬英九必須出面安撫民心。

連周玉蔻都會怕，習近平果然有一手，劉特首統治台灣之日不遠矣。馬英九不可能出面說明國軍將如何打敗共軍的，因為打不贏。就算買進了八艘潛艦，一樣不堪一擊，要如何安撫人心？

周玉蔻沒當過兵，也缺乏軍事常識，才會相信李登輝的十八套劇本。十八套劇本可縮減為以下幾個字「挨揍等待外援，投降進行善後」，上次還有美國航空母艦戰鬥群馳援，這次連美國都會變成縮頭烏龜。不相信咱們賭一賭，賠率十比一，你出十萬，贏我百萬。看看人家部隊那種眼神，光瞪著你就令人恐懼。不像妳那種眼神，只讓人討厭。

胡忠信更好笑，他痛批洪秀柱利用臉書打選戰，搶話語權的手法不入流，有膽上《新聞追追追》接受檢驗。忠信大哥說得太好了，太有理了。林肯總統說，要和敵人面對面，化敵為友，組織政敵團隊。這句話說得「也」太好了，「也」太有理了。但劉老大不解，我一有機會就罵你和周玉蔻這對名嘴雙人組，為什麼就搶不到話語權，上不了新聞版面？

忠信、啟楷，我知道你們都正在看劉益宏臉書，讓我們面
對面辯一場如何？最好加上小公主，我想念她那令人討厭
的眼神。

有宋習會　豈能沒有馬習

正告胡忠信，明年大選國民黨敗得再慘，都不會成為宇宙灰燼的，只有你這個長崎蛋糕會留下更多的笑柄。

宋楚瑜宣布參選當天，有人問我對選情有何影響，我説只不過多了一個落選人而已。早在今年五月，我就告訴大陸朋友，台灣大選已經結束，你們不必關心或關切，而是密切觀察。民進黨大勝會讓你們徹底檢討對台政策，你們的無能不下於馬政府。宋楚瑜上次公開説北京向他施壓，要他退選，以免影響馬英九連任，我在電視上罵宋不講江湖道義，但他卻有了宋習會。

馬英九沒有做錯任何事，卻被罵得狗血淋頭，因為他揹了「傾中賣台」的原罪。他得不到馬習會的加持，宋楚瑜卻可兩面討好，這種荒謬的現象不是國台辦造成的嗎？

馬英九不是無能，而是不夠壞。他如果有劉老大的一半壞，今天兩岸的情勢怎會如此緊張，讓習大大苦思地動山搖之策？

蔡英文當選後如果像柯P一樣說出「不是九二共識的九二共識」，北京同意嗎？不同意是欺人太甚，同意是遭她愚弄。進退失據如此，理當深入檢討。否則劉老大調轉炮口對內，轟得北京天天霧霾，不信大家試試。

一陣內鬨，差點忘了胡忠信這小子。忠信，你不要再鬧了！

國民黨就算只剩三席立委，馬英九都不會被彈劾，因為最後決定權在憲法法院。訂再多的法律都動不了黨產一分一毫，因為法律不溯既往、黨產早就合法化了，合法財產受

憲法保障。你的政治判斷和法律水準根本不及格，少在節目中丟人現眼。先教你這麼多，當你消化完畢後再繼續教。

我這樣做都是為你好，不信你問周玉蔻。

讓洪秀柱打一場非典型選戰

今天國民黨的表現讓劉老大感覺很爽。早該這樣了,所有大人團結在洪秀柱旁邊,打一場非典型的選戰。這就叫氣勢,不但能讓民進黨喪膽,也能讓國人耳目一新。

選舉最壞是落選,打牌最壞是放炮,又死不了人,怕它幹嘛?蔡英文可以接受馬英九政策,再把老馬罵個半死,獨派大老都表支持。洪秀柱為什麼不能再跨一步,批判執政團隊的缺失?

馬政府反正做再多,做再對,在綠營和胡忠信、周玉蔻等名嘴中都是「傾中賣台」的行為,當然要作球給洪秀柱殺,幫她選情加分。

國民黨傾全黨之力,團結在洪秀柱周圍,聽她指揮,把總統候選人的格局撐起來。再不惜血本提供資金,把大型造

勢活動辦起來。鑼鼓喧天，人潮洶湧，相信連國際媒體都要趕到台灣一探究竟，到底發生了什麼事？是不是解放軍提前犯台，國民黨正在浴血抵抗，等待國際援助？

一個尚未下台的執政黨，不但天天挨罵，無力回嘴，甚至要忍受在野黨同情的眼光。我這個黨外人士都感到羞恥了，其他黨員能無愧乎？

胡忠信動不了國民黨分毫黨產

胡忠信你不敢面對我，起碼面對我的問題：

（一）洪秀柱的參選是真的。你說她是選假的，所以一定是選真的。因為你是假的，你的對立面就是真的。

（二）洪秀柱不會辭立委。因為胡忠信希望她辭立委，還要向她鞠躬致敬，她當然不能辭。對正常人來說，胡大哥的敬禮，是最大的侮辱，何況是嫉惡如仇的洪秀柱。

（三）馬英九一定安全下莊，不會像你所說的逃到國外或走進監獄。明年大選後不會有彈劾總統的事。你對政治說的太多，對的太少。這種貨色只有我時報出身的小老弟張啟楷會給你通告，因為他可憐你。你也可以問問啟楷，他是不是劉益宏的朋友，同時問張榮味也行。不是只有你的朋友多，我也不少，交情大多比你好。

（四）你再努力運作，都動不了國民黨黨產分毫。你不懂法律，政治觀點又差，已經成為社會笑柄。不要自以為有多大的影響力。

你反正不知廉恥，說錯了不當一回事。但我不同，如果我說錯了，一定帶著沈富雄到小公主家掃地。

兩岸和平談判　愈早愈好

挺洪秀柱應有的心態：

（一）蔡英文已表示支持馬英九的兩岸立場，她只能不統不獨不武，並承認中華民國。台灣共和國再也說不出口，三不成了二不。

（二）不統不武兩不中，減去不武，只剩不統。因為不武無需討論，沒有人敢贊成和中共動武，除非想自取滅亡。

（三）台灣只剩不統一個選項，但大陸要統。一方要統，一方不統，只好進行統一談判，討論何時統，如何統。

（四）不敢獨立，又打不贏人家，台灣和大陸進行統一談判是唯一的路。任何人當總統都是如此。我說路很清楚地在各位眼前，就是這個意思。

（五）兩岸談判必然是和平的。因為不能開仗，武力只是和平談判的籌碼。大陸武力愈來愈強，台灣軍力愈來愈弱，和平談判當然愈早愈好。

（六）大陸在可預見的將來，一定是共產黨一黨專政。和共產黨目前交情最好的台灣政黨是中國國民黨，而代表中國國民黨選總統的人是洪秀柱。因此選洪秀柱就是選台灣最好的未來，是最愛台灣的行為。

（七）如果台灣人有眼無珠，要選次等貨，那是他們福報不夠，你們要用悲憫的心理同情他們。不能謾罵生氣，弱了國民黨和洪秀柱的名頭。

只要論述得當，人心是可一夕反轉的。大家加油！

我推薦連勝文當洪秀柱副手

我給洪秀柱推薦一位副總統人選 —— 連勝文。

理由大家先想想。

（附註）

結果傳來一片笑罵聲。

我推薦連勝文的理由

（一）柯 P 其實很爛，卻爆得大名。連勝文其實不差，卻受盡委屈。

（二）連戰這次閱兵事件，差點遭「誤殺」，對台灣處境最了解，他會同情洪秀柱目前的困境。

（三）連戰可幫洪秀柱解決競選經費問題，不必靠國民黨施捨。

（四）李登輝、宋楚瑜的事，連戰最清楚。他只要放言高論，大家怕他三分。

（五）出人意料，話題十足。

（六）洪秀柱太單薄，有連家父子肯伸出援手，保駕護航，求都求不到。

還有其他理由不能公開。大家再想想。

（附註）

如果連勝文出任副手，國民黨還會換柱嗎？

藍營競選的手段太拙劣

我真不曉得藍軍有沒有人在指揮打選仗。

找個人到台北地檢署去告發戴季全涉嫌貪瀆,而柯文哲是事先知情、事後包庇的共犯,檢察官不受理偵辦都不行。偵辦期間我認識的那些優秀的司法記者,不把他們修理到金褶褶才怪。

現在的台北地檢署檢察長蔡碧玉是司法圈公認鐵面無私的女俠。不畏強權,不愛官位,案子到她那裡,保證可以還柯文哲、戴季全公道,讓全國民眾一窺神秘性關係內幕。

連勝文槍擊案就是蔡碧玉在新北地檢署當檢察長時辦的,結論是遭綽號馬面的林正偉誤擊。連家和諸多名嘴們都不相信,呼喊真相在那裡,只有劉老大說真相就在蔡碧

玉那裡。前警政署長王卓鈞第一天就説出了此一真相，劉老大第二天就跑出了此一真相，蔡碧玉數月後也查出了這個真相。其他新聞媒體評論了一整年，追的、挖的都不是真相。

要台北地檢署主動分案偵辦，可能有政治上的顧慮，説蔡碧玉是馬英九整肅異己的工具，是老馬哥安全下莊的階梯。現在有人告了，台北地檢署非受理偵辦不可。

趕快派人去按鈴申告，並通知媒體到場採訪。弄它個熱火朝天，到處鞭炮。

趕快去告！

十萬說成四千萬的電視名嘴

正告胡忠信、周玉蔻和其他企圖想轉移焦點，暗助柯Ｐ的
媒體人，不要自討苦吃。司法沒有追殺柯文哲，是劉老大
在追殺他。他和戴季全不必道歉或辭職，因為來不及了。
涉嫌犯罪不經法律程序洗刷冤屈，那有道歉辭職就可免受
追訴的道理？

看現在政論節目是令人憤怒的。名嘴們無知者多，公正者
少，卻洋洋得意，以輿論巨星自居。簡單的法律常識都不
懂，卻不請教別人，天天都説錯，錯的每個字都一樣。難
道你們沒有像樣的朋友願意指正？或他們其實不是朋友，
故意讓你們在螢光幕前出醜？

借忠信兄的人頭一用。你説徐弘庭告四百名網友是告假
的，因為以現在的行情，請一名律師告一個人，至少要花
十萬元律師費，因此告四百人光律師費就要花四千萬，徐

弘庭負擔不起。

忠信兄，你說得太可笑了。你的數學還不錯，十萬乘四百確實是四千萬，但律師收費是按件計酬。一人罵你王八蛋和十人罵你王八蛋，都是一件案件，都收十萬元。可能被告人數多，寫訴狀較費神，多收個五萬，變成十五萬。但那是加法，不是乘法。你懂了嗎？

我教徐弘庭去告柯文哲，是讓他有露臉的機會。你不是說政治是表演事業嗎？要搶鎂光燈嗎？這就是我遵照你的指示，教導徐議員的。徐弘庭不聽話，該告的不告，不該告的卻告了。苦果由他承擔，你和我對他的好意，總有一天他會知道的。咱們放手不管了。呸！不知好歹的小屁孩。

我追殺柯文哲和戴季全，並不是有什麼私人恩怨，也不是拿不到波卡。我不喜歡波多野結衣，她的風塵味太重，演出太露骨。我比較喜歡像她的林志玲，有氣質多了。

我從不告人，柯文哲是第一個。柯P利用網軍高票當選後，忘了他根本不是行政人才，卻自視為國之棟樑而目無餘子。他濫用行政權霸凌公務員、商人，並為競選團隊謀取私利。在各位瞎眼的名嘴瞎捧下，成了柯神。我當然義不容辭，非把他打出原形不可。

英雄無私怨，只有公敵。劉老大這種境界，你們懂嗎？

終極統一是台灣唯一活路

原本我是最支持馬英九總統「不統、不獨、不武」的立場的，但「連戰事件」和兩岸軍演讓我明白我錯了。馬英九的三不和蔣經國「不接觸、不談判、不妥協」的三不，都是因應兩岸關係的對策。但蔣經國知道變通，因為時代在變、潮流在變。而馬英九卻不知隨情勢而轉變，死守中華民國的底線，以致成了各方聲討的罪人。

馬英九可能到現在都還不知道他錯在那裡。他不貪財、不好色；不任用私人、不耍特權。遵法守憲，捍衛一中憲法，為什麼會從高人氣的小馬哥，淪落為各方共棄之的馬總統？連胡忠信之流的小人都敢在電視節目中振臂高呼：「馬英九，我既不怕你，也不尊敬你。你最好趕快逃出國，不要再回來！」

在我眼中，胡忠信只是隻懼我如貓的小老鼠，馬英九卻是

統帥三軍的大總統，為什麼老鼠見我就跑，見總統卻撲上去咬，原因絕不單純。中共九三大閱兵時，我才豁然開朗。

馬英九的根本錯誤是他昧於時局，沒有能像蔣經國放棄舊三不一樣，勇敢地放棄新三不。把他原本的兩岸強項，變成了弱項。他成了蔡英文，幫民進黨與中共為敵，妨害「祖國」統一大業，怎麼會有好下場？

或許很多人聽得一頭霧水，我只好簡單說明，否則板凳就不見了。這是網路世界的悲哀，只要結論，不要推理。

台獨的蔡英文很可能當選下任總統之前，中共在金門附近海域進行軍演，馬總統頭戴鋼盔也進行漢光演習。中共意在警告台獨勢力，但指揮國軍發炮反擊的統帥，卻是反對

台獨的中華民國總統馬英九。這個兩岸炮擊對抗的場景不荒謬嗎？

如果是蔡英文當指揮官也就算了，反正統、獨各自堅持，最終難免一戰。但反獨對反獨也要火力相向，而不以和平談判解決兩岸統一問題，這就是政治高度不夠，不知「終極統一」是台灣唯一選項的緣故。

我要是馬英九，才不會上民進黨的當。你們罵我無能，我就無能到底。我在捍衛中華民國時，你們搞獨立。現在蔡英文可望當總統了，你們只好愛國旗、唱國歌了。我不唱可以吧。十月十日的國慶大典取消，省下錢照顧弱小，免得參加者不懷好意，失去慶祝的原意。

台灣的前途既然不操在自己手裡，誰當總統都一樣。台灣

的內政、經濟等問題，誰當總統也都一樣。我就不相信，換個新總統，青年薪資可以很快提高，無殼蝸牛可以分到房子，貧富差距可以大幅縮小。

要真正解決台灣問題，必須解決兩岸問題。馬英九解決不了的，蔡英文繼承馬路線，當然也無法解決。除非蔡英文的姿態放得更低。一旦如此，蔡總統有「傾中賣台」嗎？如果蔡總統沒有，為什麼馬總統有？

釣魚台軍演奧妙無窮

我如果是習近平，才不會在金門附近海域舉行軍演。我會選釣魚台。

釣魚台是三座無人島。美國交給日本管理，卻不願正式認定它是日本領土。但幾乎所有華人，除了李登輝，都認為釣魚台是中國的。兩岸三地多次發動漁船企圖登上釣魚台宣示主權，不管是歸大陸或台灣，總之先從日本手中奪回來再說。

宣示主權的重大議題，竟由漁船執行任務，本身就是兒戲。日本海上自衛隊派幾艘船艦，用水柱噴水，就把中國漁船打得落花流水。這種長日本志氣，滅中華威風的事，今後千萬別再搞了，以免丟人現眼。

但軍事演習就不同了。出動的是軍艦，參演的是軍人，發

射的是實彈，日本海上自衛隊的水柱那裡抵擋得住？

在金門炮轟台灣的軍演，是有震懾之效。但威嚇自己同胞，而且以大欺小，算不得好漢。要展現軍威、宣示收復失土決心，就挑日本、美國幹一場，給台獨分子、美日盟國和全球華人看一看。

北韓的小屁孩金正恩，只要發射火箭，就吸引了全球目光。就算發射失敗，走路依然有風，沒有人敢輕視他。大陸的二炮部隊，各種東風型導彈，早已世界聞名。什麼短中長程、多彈頭和核子彈頭、機動發射等功能，吹得好像真的。但只在閱兵時見過，從未公開表演。

我認為以後大陸軍演，應挑釣魚台實彈演練。用軍艦把周永康、徐才厚、郭伯雄、薄熙來、令計劃等在監服刑的知

名人士送上釣魚台其中一島，進行登島作戰，看日本能不能擋，美國會不會基於美日安保條約協防。登島成功後，受刑人留下，海軍先撤。由二炮部隊向另外兩島各發射導彈數枚，最好飛行路徑有五色雲彩，命中目標時烈焰騰空。全程由中央電視台實況轉播。

釣魚台是我們的。當祖國海軍突破美日封鎖，登島插上五星紅旗時，配上義勇軍進行曲，會讓多少大陸同胞流淚？當導彈打上「國土」的爆炸聲傳到華人耳中，會引起多少愛國同胞熱烈的掌聲？

煙霧過後，周永康等人安然無恙，大家讚嘆二炮部隊真準。萬一有個三長兩短，算他們活該。各位板凳，你們覺得劉特首此一軍演的提議，有沒有比不久前在金門的演習高明？

我刻意留給中國時報的獨家新聞

劉老大今天已向特偵組告發柯文哲、戴季全、洪智坤等人涉嫌貪瀆，及胡忠信、周玉蔻等名嘴涉嫌洩密等刑責。

我説過涉及刑責，光道歉不能免除刑事追訴。沒人告，只好我來告。劉老大説到做到。告發經過，我通知中國時報優秀司法記者陳志賢到場獨家採訪。各位先看完中時的報導後，我再細説。

（附註）

結果中國時報沒登，只在中時電子報登了小小的即時新聞。

劉老大生氣當然有道理

中時電子報是網路報，看的人有限，會看網路報的人，還不如直接看我臉書。

我需要的是實體報的配合。為了避免像政治人物一樣成為新聞人物，遭到扭曲，才故意不通知電視台或其他媒體，給中時獨家，並陸續追蹤報導。

漏新聞者若要追，可拿實體報去向柯Ｐ及胡、周、洪、戴等人查問，讓他們反擊，我就有機會和他們面對面大辯一場了。

胡忠信談律師費，十幾萬錯搞成四千萬。這天大的笑話，他不更正、不道歉，同台來賓不提，主持人不問。結果反諷我說，網路消息不必理會，當作背景音樂聽聽就好。實體世界知道胡名嘴丟了多大臉嗎？

我和時報的約定是登在紙媒，而非電子報。紙媒和網路配合，威力才大。劉老大不是小屁孩，生氣自有道理。

懂了嗎？

中共錯用蔡衍明　妨害兩岸相互了解

看了中國時報的報導，對於首都市長將遭特偵組依法追訴的新聞，隻字未提，劉老大十分震怒。柯文哲等人反正已經交由特偵組檢察官偵辦，我提供的偵辦線索又不怕他們湮滅證據，暫且放在一邊，我要先轟蔡衍明，讓大家了解，為什麼我會向他告別，又不上中視、中天等節目的真相。

張啟楷、胡忠信都曾是藍營名嘴。周玉蔻一度當蔡衍明打手。平秀琳慘遭台灣首富冷凍四年，因為心疼她領了太高的薪水。陳文茜有一陣子找不到蔡董，因為文茜能力太強，非他所能一手掌控。四年前我就介紹唐湘龍給蔡衍明，他不用直到今天才用。許多名嘴的故事都和蔡衍明討好國台辦，卻走錯道路，造成惡果有關。

蔡衍明痛恨知識分子，旁邊圍了一些巴結他的小人。今天

台灣的反中情緒和名嘴棄藍投綠，很多是蔡旺旺小氣及無容人之量的緣故。

國台辦錯用了蔡衍明所造成的惡果，相信習近平不知道，否則早動手辦人了。這些精彩的故事，我決定先推出，讓大家目瞪口呆，心想原來如此。

（附註）

我刻意給中時獨家的新聞，他們登在那裡？我告訴中時，不登要先講，搶我稿子的人多的是。中時總編輯，你我本是舊識，違反約定的責任，該由誰負？除了蔡衍明，還有誰？

蔡衍明是痛恨文人的媒體大亨

今年五月廿三日，我給蔡衍明發了一封簡訊：「蔡董，我是劉益宏。我選擇和你分手，是因公而非因私。我不上電視，因為大多數名嘴，已成為台灣公害，我羞與為伍。我認為這是你以媒體老闆身分出面，呼群保義、匡正時局的時候了。這才是你應該打的仗。我願意義務為你召集同志，奮力一擊。英雄沒有私怨，只有公敵。若有意願，咱倆單獨談談。時間、地點你訂，簡訊告知。沒意願，就當沒這回事，把它忘了。」

離開蔡衍明的原因，我在《新聞一本正經》的書上大致做了交代。主要是他把媒體公器當成私人武力，打了太多不該打的戰爭。不但時報同事苦不堪言，余紀忠先生辛苦累積的時報公信力，幾乎損失殆盡。

現在補過的機會來了。綠營電視台的政論節目，每天胡說

八道，無人制衡，台灣首富的中天、中視當然該提供更好的時段，以更高的出席費，組織名嘴軍團加以反擊。但果然如我所料，蔡衍明並未回電，他是個記仇的人，因私怨而忘公敵。我以英雄相勉，是劉益宏在騙劉老大，既瞎眼又丟臉。

馬英九連任之後，每天都在壹電視、年代、民視、三立等綠色電視台的炮火攻擊中進退失據。但蔡衍明的中視、中天並未開政論節目馳援。直到今年一月十九日，才由唐湘龍、陳鳳馨在中視開了《網路酸辣湯》，但沒有擺在中天熱門的五十二頻道，一開始知道的人不多。

我也是約一個月後才知道。今年二月十一日，高雄監獄發生六名受刑人挾持典獄長脫逃不成，集體開槍自絕事件，震驚各界。趙少康、鄭麗文都邀請我上節目。我因白狼到

現場遭人誤解，一些名嘴對監獄的了解又都是舊觀念，才在捧老友場的原則下，答應上電視說實況。此時，黃智賢也打電話給我。她說：「劉大哥，你是我的偶像。重大社會案件，不找你，要找誰？」

由她口中，我才知道湘龍、鳳馨有了新節目，智賢是主要來賓。我簡單告訴智賢，蔡衍明和我的一些私怨，要她不可插手，明哲保身。智賢為了節目好，求我務必答應。她認為蔡董不是個器量狹小的人，只要我答應了，製作單位由她負責。我為智賢的熱心感動，答應接通告，但交代情況一旦有變，要提早通知，因為當天我衝場，必須「喬」時間。

隔天上午，中視有人打電話給前董事劉老大，表示內部作業疏失，通告取消。下次有機會時，再請劉先生幫忙。我

哈哈大笑，掛了電話。心想黃智賢太單純，湘龍、鳳馨難道不知道我是社會新聞權威，怎麼會輪到她打電話給我，並向中視推薦？

今年五月初，我每天被電話吵死。同學、朋友、讀者紛紛來電，要我不可整天看連續劇自得其樂，必須看看政論節目，解救國家。他們說，那個胡忠信和你書上罵的，一模一樣。那個周玉蔻，以前和你同台，都順著你的話講，現在跑到別台，小公主變成了老巫婆。劉老大再不出手教訓，以前說記者要有正義感，根本是騙人的屁話！

我最討厭有人罵我是騙子，那豈不是連真小人都幹不成了？胡忠信好歹也是個「真偽君子」，劉老大怎麼可以當「假真小人」？

我那時還不會臉書，心想台灣最有能力對付綠色媒體的人是蔡衍明。雖然他的紅色背景令人起疑，媒體威望無法服眾，但由劉老大出面，所有問題迎刃而解。

我要和蔡衍明面談的是，他不念舊惡，原諒劉益宏出書罵他。為了大局，提供中天新聞時段，由劉老大全權製作。除製作人不支薪外，來賓和工作人員的酬勞是其他綠台的兩倍。蔡衍明如果早肯聽我說，多花不了幾個錢，可以獲得多大的效果，搏取多好的名聲。

劉老大自視甚高，都肯委屈自己向首富屈膝。蔡衍明目光如豆，和我私下談談都不願意。我只好公布真相，讓大家評評理。

掃除媒體公害　蔡衍明入列

上篇稿子說道，為了掃除媒體公害，我寧可委屈自己，傳簡訊給蔡衍明，希望借助他的財力和媒體老闆的身分共襄盛舉。可能寫得太簡略，引起一些板凳們的誤會，只好再加說明。

以我對蔡旺旺的了解，當然知道他十之八九不會找我。或許心中還在冷笑，平時吹牛，談知識分子的氣節。關鍵時刻，沒有財團支援，理想依舊成空。此謂之：有錢能使鬼推磨，沒錢書生空議論。唉，有錢真好！

其實第二天，我就找到一位講義氣的朋友，他聽了我的想法，大為贊同。一周後出國回台，先給二百萬現金，不夠再說。朋友交代，不可透露錢是他給的。因為他交往複雜，萬一他受到人情壓力，不得不向我關說時，不好處理。

劉老大吃喝玩樂，本來就有人搶著付帳。這次急公好義，募款當然順利。這點小錢，輪不到台灣首富處理。我要幫藍營組名嘴團隊，是其他名嘴要繳房貸、要生活費。幫藍打綠，以後上不了綠色電視台，日子怎麼過？

不過當我學會臉書後，問題全部解決了。既沒有團隊要養，胡忠信、周玉蔻等首惡分子又不堪一擊，我招兵買馬幹什麼？

這一陣子的「自媒體」經驗，我領悟良多。很多事和原先預期落差太大，不能一廂情願要求別人提供協助，也不可自認一己之力足以改變世界，否則會走火入魔。

我要回復本心，把臉書當日記寫。記下一個領老人年金的劉老大，在網路世界從嬰兒逐漸成長的故事。

就媒體人來說，我是幸運的。平面媒體興旺時，我是文字記者；電子媒體興旺時，我是電視名嘴；網路媒體興旺時，我會上臉書。載體不同，但秉持記者求真求實的原則不變。我一定可以像以前一樣，快樂地幹好記者工作。

我會全力掃除媒體公害，不是為誰掃除政治障礙。我無求於蔡衍明，他反而該來求我。台灣首富違背余紀忠先生所訂的時報精神，當然也算公害之一。既在掃除之列，豈有登門求助之理？

給宋楚瑜和胡忠信的墓誌銘

昨天是中秋節,由於颱風即將來襲,天空陰暗,細雨紛飛。劉老大正在傷月悲秋時,許多板凳傳來很大的月亮和很多的月餅,讓我心情大好。雖然只能看,不能吃。

不過打開電視,看到年代的《新聞高峯會》,宋楚瑜和胡忠信兩人以專訪為名,互相拉捧,卻又怒火攻心。一個是過氣政客,一個是偽善名嘴,怎麼敢繼續在公共論壇上欺騙社會?

我一再告訴胡忠信,明年總統大選後,不會發生彈劾總統和黨產歸零的事。他不敢和我辯論,也不敢和我打賭,卻繼續妖言惑眾。這次還拉老宋助拳,互相套招。這種政客和名嘴一日不除,台灣的苦難永不終止。

宋楚瑜有資格講國民黨的黨產該如何處理嗎?他和李登輝、劉泰英等人把黨產搞得黑幕重重,從中撈了多少好

處？胡忠信好意思以媒體人自居，向宋楚瑜提問嗎？我問他的問題，他一個都答不出來，也不敢出來面對，憑什麼提問？

最好笑的是胡忠信問宋楚瑜，以後希望大家記住他的貢獻是什麼？老宋以美國總統傑佛森墓碑上的文字自吹自擂。我無法聽完，把電視關了。

如果要我幫宋楚瑜寫墓誌銘，我會寫：「他是親民黨永遠的黨主席。參選總統從未成功，但也從未放棄。他是孫中山先生的信徒，彌留之際，仍不忘交代同志和平、奮鬥、選總統。」

給胡忠信的是：「他的身體雖然埋在這裡腐爛，但他的魂魄會在世間永存。他沒資格進天堂，地獄也怕他造謠生事，只有人間容納他。阿們！」

九二共識是習近平的最後底線

一篇文章要感動別人，先要感動自己。一個政黨要喚起群眾，先要真誠面對自己的政治主張。洪秀柱這次競選總統陷入困境，因為她和她的支持者都提不出令人信服的政治主張，如何感動群眾，爭取認同？

馬英九問蔡英文：「妳說維持現狀，是指什麼現狀？是國民黨執政所推行的現狀嗎？」我要是蔡英文，決不閃躲，立刻回答：「正是，我決定拋棄台獨黨綱，捍衛中華民國，和美國、日本維持友好關係，也和中國大陸繼續來往。」

如果馬英九的兩岸和國際政策是對的，繼承此一政策的民進黨和蔡英文當然也對。要她講清楚、說明白，否則就是空心菜。那馬英九更需把如何維持現狀先說清楚，否則就是空心馬。

馬英九能講明白嗎？當然不能。以前一中各表，所謂兩岸同屬一中，政權重疊、治權各異，是兩岸刻意模糊的鬼話。如今圖窮匕現，總該撥雲霧而見青天了。

如果馬英九的施政不一再受阻，服貿、貨貿未遭立法院無理杯葛，兩岸或許仍有保持模糊的空間。但台灣目前獨立的氣氛高漲，雖然躲進「中華民國兩岸同屬一中」的保護傘，卻進行獨台的行為。習近平看在眼裡，當然要提前攤牌。否則就會像台灣的攤販一樣，放任不管，成了夜市，最後就地合法。

大陸強國崛起，解決台灣問題或許不是優先選項。但台灣也不能假捍衛中華民國之名，進行實質獨台的勾當。大陸民眾對祖國統一大業的期盼，比台灣民眾要求獨立建國的呼聲，有過之而無不及。不管領導人是習近平、習遠平；

鄧小平、鄧大平，都只能順從民意而行。違逆此一巨大民意者，終將滅頂。

這是歷史潮流，無人能擋。美國不能，日本不能，全世界圍堵中國發展的國家聯合起來對抗，也扭轉不了此一趨勢。台灣加入中國發展，可以分享強國崛起的紅利。站在大陸的對立面，不但要加強自衛武力，還要為地動山搖擔心受怕。因此，傾中才是愛台，不傾中反而害台。

洪秀柱和她的支持者，如果沒有像我一樣的認知和信念，乾脆不要選總統。因為明年的新總統，面對的是任期還有七年的習近平。習大大願意讓中華民國繼續在台灣稱孤道寡七年嗎？蔡英文、宋楚瑜有本事拒上談判桌嗎？

這次大選，是一國兩制和台灣獨立的公投。在情感上，蔡

英文當然佔優勢。但在現實上，洪秀柱的「兩岸同表一中」才是對的。不過一中是指中華人民共和國，不能硬拗成中華民國。

選舉是一時的，台灣人民未來的發展之路才是長久的。站得高才能看得遠，一時之毀譽成敗，何足道哉？

民主政治必然走向平庸

有人問我「你心裡屬意的到底是中華民國,還是中華人民共和國?」劉老大既然自封特首,答案不就昭然若揭了嗎?

雖然我現在拿的是中華民國身分證和護照,但我也有台胞證。我認為兩岸統一是早晚的事,所以希望成為第一位「中華人民共和國台灣特別行政區」的行政長官,簡稱劉特首。

我非常贊成李光耀的看法,他說民主政治必然走向平庸。一個一百人的國家,劉老大的鐵粉有四十八人,胡忠信的鐵粉有五十人。每次選舉投票都是 51 比 49。開票結果出爐,劉老大還要打電話恭賀胡偽善完全執政,並自責努力不夠,以免有失民主風度。這種日子能活嗎?

我從不參加選舉。為民服務還要自備競選經費,根本不合

情理，除非另有目的。台灣民眾的人格，很多因選舉而扭曲。菜市場平時純樸的攤販，蔡英文來送上菜頭，表示好采頭。宋楚瑜來送上鳳梨，表示旺來。洪秀柱來送上粽子，表示包中。同一位賣菜的大嬸，對三位不同的候選人都表示熱烈支持，這不是虛偽是什麼？

我如果是洪秀柱，要忠於自己的理念參選總統，我會明白說，當我當選中華民國總統後，會主動設法和習近平見面談判。因為海峽兩岸各有自稱代表中國正統的局面，必須和平解決。戰爭狀態必須真正結束，才能讓兩岸人民快樂交流。

和平談判的結論，可以讓台灣獨立，成為東方瑞士。可以採聯邦或邦聯制，可以設大屋頂中國。可以一國兩憲、一國兩府……，我都沒意見，因為那不關我的事。

不過劉老大唯一有興趣的是，我要當台灣特首，這個特首和香港特首不同。香港特首還要間接選舉，有立法局監督；劉特首除了習大大之外，不受任何節制。至於劉老大如何統帥百萬流血雄師，和平統一台灣，並在台灣販賣批文，作威作福的故事，請參閱以前的文章。

劉老大這麼不厭其詳的答覆，還有那位聰明的板凳仍搞不清楚的，請舉手！

台獨和獨台唱同樣的戲

台南市長賴清德公開主張台灣獨立,感動了一大票台獨人士。但這是新聞嗎?他反對台獨,甚至主張終極統一才是新聞。

連蔡英文由主張台灣獨立,改變成不統、不獨、不武的馬英九路線,都不算新聞了,何況賴清德?一個獨台,一個台獨,反正都是反對統一,這不是大家都知道的事嗎?

蔡英文由台獨變獨台,是因為要選中華民國總統,必須拿國旗、唱國歌,才能騙取捍衛中華民國的中間選票。她只想台灣、中國,一邊一國,和馬英九的一中各表不同。頂多是兩岸一家親,可以成為兄弟之邦,但不會承認台灣是大陸的領土。她認為台灣就是中華民國,有主權,有國格,和中華人民共和國必須平起平坐。

為了勝選，獨派大老隱忍不發，但因蔡英文民調贏得太多，賴清德這次乾脆說破。賴神最近因府會之爭、登革熱疫情，和連串弊案搞得焦頭爛額，超高民調直線墜落。眼見神位不保，只好鋌而走險，坦承自己的台獨主張，成為民進黨最真誠勇敢的人。蔡英文競選團隊，不會真正責備他，他可鞏固在深綠中的政治地位。一舉數得，何樂不為？

賴清德強調，他的台獨主張不會使兩岸兵戎相見。大陸國台辦警告，賴清德的說法將給台灣帶來危險。但是誰知道呢？連劉特首都不知道習大大會採取什麼地動山搖的方法，何況他人？

如果我是習大大，我會有方法的。不過在答應我當特首前，劉老大打死不說。

臉書萬歲　粉絲萬歲　劉特首萬萬歲

今天本來要修理馬英九的，不過在洗澡時有一個重大發現，讓劉老大心情大好，因此先放他一馬。

劉老大寫稿，不只是我手寫我口，還要我手寫我心。心中不先培養三分怒氣，罵起人來無法句句到位，因為文氣不通之故也。

為了罵胡忠信、周玉蔻等不肖名嘴，劉老大臨老入花叢，苦學臉書。比年輕時熬夜打牌、通宵跳舞還入迷，現在已經到了上癮的地步。記得十多年前，我問一位偷渡來台的大陸姑娘：「妳才二十出頭，就遠渡重洋來台賺錢。又想家，又受客人氣，還要躲警察。妳會不會後悔下海？」

小姑娘回答：「我是後悔。後悔下海太晚。一些女朋友都已經賺到錢回家買了房子，我到現在才來。」

我也後悔在報社時耍大牌，不和大家一起學電腦。後悔朋友向我推薦臉書這種自媒體工具時，自認是大眾媒體專家而不屑一顧。為了補過，劉老大發奮圖強，不眠不休，寫得手破皮，玩得掛急診。

努力總會有收穫的。以前的劉老大，在現實世界以通吃黑白兩道聞名。現在的劉老大，以穿梭陰陽兩界自豪。這次白狼回來，我倆見面聊天，竟覺得他言語乏味，匆匆告辭。因為他不懂臉書。

我雖然下海太晚，卻比一些老鳥更迷臉書。我的粉絲，老中青，紅藍綠，濟濟多士。大家討論，更理性，更幽默。民主論壇就該如此。台灣的一些名嘴們，如果看到劉老大粉絲留言的水準，應該閉關三年讀書養氣，以免繼續在螢光幕前丟人現眼。

我感覺臉書為我而設。今早突然覺得「面書」（臉書）可望在大陸放行，似乎是習大大刻意為我而開。小習實在是太可愛了，他怎麼會知道劉特首正打算教育大陸鄉民的？劉特首文字淺顯易懂，舉例輕鬆有趣。在台灣可以吸引一堆板凳，在大陸當然可以招來不少沙發。

劉老大如果願意重披戰袍跑新聞，會把周永康、薄熙來等人貪腐的內情儘量搞清楚。不會像香港一些作家，自己編故事。范冰冰有沒有緋聞，林志玲有沒有男友，都在劉老大的採訪之列。只要推出一些重大獨家新聞，大眾媒體不跟進都不行，台灣光是國民黨要不要換柱，不肖名嘴都可講半年。劉老大炒作新聞功力不在他們之下，有了范冰冰、薄熙來的緋聞或內幕，不說個一年才有鬼。到時粉絲破億，誰敢說不可能？

在台灣，三千粉絲就可逼柯 P 放颱風假。一旦劉老大有上億鐵粉當後盾，特首之位自然手到擒來，到時就不必看習大大的臉色。他這個人深不可測。劉老大靠他當特首，在台灣作威作福，萬一他聽信天線很高的胡忠信、周玉蔻等人讒言，把我騙到北京，關進秦城監獄，豈不是要和令計劃牛衣對泣？

趙孟之所貴，趙孟能賤之。我的特首之位，還是由粉絲們支持比較保險。想起自己今後的光明前途，和上億粉絲相挺的驚人力量，劉老大笑了！

讓我們一起高呼，臉書萬歲！粉絲萬歲！劉特首萬萬歲！！！

唐湘龍、陳鳳馨開除蔡衍明

唐湘龍，陳鳳馨兩人交出中視《網路酸辣湯》的主持棒，因為老闆蔡衍明不滿他們的主持風格和內容，要求改善。他們則認為蔡衍明干預太多，外行領導內行，辭職離去。

《網路酸辣湯》交由黃志賢一人獨挑大樑，也是蔡衍明作的決定。黃志賢是民進黨立委黃偉哲的妹妹，卻是深藍名嘴，在政治上有加分作用，對蔡老闆的服從性也較高。

在台灣媒體圈，劉老大是最了解蔡首富的人。連我都不願意在他旁邊白吃白喝了，湘龍、鳳馨這種有能力的資深媒體人，豈肯為了區區主持費，接受蔡衍明胡亂指揮？

蔡衍明對新聞的指示和干預，已經到了令人匪夷所思的地步。例如他如果指示要罵黎智英是胖子，你罵肥黎，他不滿意。他若自認「真道理性、真愛台灣」的口號響亮，你

說成「理性愛台」更不行，因為口號是他花了很多時間想的，你怎麼可以忽視他的心血結晶？

中國時報的領導階層，幾乎都是名記者出身。但他們為蔡衍明寫聲明，稿子交到蔡旺旺手上，只見他提筆就改，愈改愈差。當事人除非憤而辭職，否則只能默默忍受。因為他是老闆，權威不容挑戰。

我告訴過蔡衍明，余紀忠如何訪才養士的故事，如何堅持新聞自由的原則，他一件都不照做。但對余先生每周主持主筆會議，對社論和評論方向明確指示。他聽進去了，也照做，以致主筆會議成了中時最痛苦的時間。大家絞盡腦汁，在不傷老闆的顏面下，先把他教會，再接受他的指導。有這種天才老闆，旺旺中時集團留得住人才嗎？

蔡衍明之所以成為媒體大亨，並不是他懂新聞，而是他有錢。但他卻是我朋友中最小氣的，錢花得非常不漂亮。小氣的首富，在社會的評價還不如欠稅的平民。我告訴過他這個道理，但總不能一說再說，免得他懷疑劉老大在打他錢的主意。

如果蔡衍明有余紀忠十分之一的格局，以他的財力早就成為華人世界的媒體巨人，那裡會插手《網路酸辣湯》換主持人這種小事？黃智賢是個好人，戰鬥力也夠。湘龍、鳳馨已經脫離苦海，希望她能通過蔡衍明的考核，達成心願，留下佳話。

換柱計畫啟動　劉老大出聲示警

如果我是洪秀柱，我會很快地主動宣布退選。因為山雨欲來，烏雲密佈。與其遭黨撤換，不如主動退出。

要參加民主選舉，必須遵守民主規則。洪秀柱不是政治素人，難道看不出她大勢已去？

孫中山推翻滿清，創建民國的歷史功業，也不過當了短暫的臨時大總統。為了避免南北分裂，讓位袁世凱。他的格局是和平、奮鬥、救中國。

成功不必在我。洪秀柱已經宣揚了她兩岸必須終極統一的理念，為台灣前途指出方向，她可以光榮退場了；否則接下來，她只能說謊。

洪秀柱說憲法一中，是台灣統一大陸。原先的憲法確實如

此，但多次增修條文，台灣已不想統一大陸。只求不被大陸統一，過自由民主的生活。

鄧小平提出的「和平統一、一國兩制」，就是為了維持台灣民主制度而設；否則一國一制就行了，何必兩制。

台灣的民主制度，是將來習近平實施地方自治的參考。共產中國已經質變。隨著教育普及，經濟提升，國際接軌等因素，大陸也將面對民主浪潮。如何在維穩中放權，自由而不失序，台灣是參考指標，但台灣目前的表現令人不忍卒睹。

洪秀柱的參選，逼大家認真思考了很多問題。但也因為她自認可能當選，做了妥協，否則不會吞下「一中同表」，說出台灣統一大陸的違心之語。

理想和現實存在巨大鴻溝。在網路世界，劉老大可以自封劉特首，五千粉絲來去自如。可以想像鐵粉上億，連洗澡都笑出聲來。但我真有那麼不識時務嗎？不過，自己想著高興，寫出來和網友分享，難道不可以嗎？

劉老大是無冕王，無求於人。洪秀柱是國民黨提名的總統參選人，要顧慮黨的立場和立委選票的流向。她談理想不能暢所欲言，競選之路又諸事不順。此時不退，更待何時？

洪秀柱的網軍　成事不足

我有一些感想，不吐不快。今天說了，以後不會再說。

（一）我學臉書的初衷，是為了罵胡忠信和周玉蔻。後來逐漸擴展為制衡不肖媒體。但身為媒體人，我不可能打壓言論自由，更不會淪為政爭的工具。我支持洪秀柱的政治理念，她的「一中同表」和我的「和平統一、一國兩制」觀念最接近。一旦她為了勝選而成為政客時，我不只不會支持她，還會炮轟她。

（二）昨天洪秀柱的網軍，要我罵沈富雄。他們說沈大老綠了，網軍已到他的版上，將他痛罵一頓，要我聲援。我一看火了，這些網軍難道瞎了眼，看不出沈富雄的文章並無惡意？原來在這些小屁孩眼裡，同情洪秀柱選得辛苦，乾脆退選，把爛攤子交給國民黨收拾，都是別有用心的言論。我當然知道國民黨的換柱計畫正在啟動，接替人選已

經敲定，只是不說而已。為了體驗沈富雄的心情，了解網路世界的寡義，我也 PO 了一篇和他觀點一致的文章，等網軍發動挺柱大軍來洗版。一切都在意料之中，我的臉書沒白學。

（三）我的臉書，來鬧場都是挺柱的。有些不是網軍，是真心認定洪秀柱一人身繫黨國安危的鐵粉。我佩服鐵粉的忠義之情，但希望大家諒解我的言論自由。我可以不說，但說了就必須說出採訪所得。事實錯了我會道歉。批評有理，我不會像胡忠信一樣，充耳不聞，當成背景音樂。劉老大從小就不畏強權，怎麼會在網軍的洗版威脅下低頭？不信大家試試。

（四）玩臉書現在成了我的興趣。我公開版面，讓多元觀點同時呈現，不過要以理服人。罵人不可帶髒字眼，出現

下流文句者一律封鎖，免得污了我的版面。

（五）奉勸挺柱的網軍，你們常說綠營的網軍多麼善於製造謠言，分化離間。但我現在還沒見到他們在我版面作惡，卻常發現你們使用相同手段。莫非你們師出同門？幫洪秀柱的方法很多，宣揚理念、發動造勢、拉票募款、揭穿謊言都行。但不聽從你們指示，就把朋友打成敵人的方式，令人心寒，苦果會由洪秀柱承擔。一個連少數網軍都管不好的競選團隊，夠資格出任下屆中華民國總統嗎？

劉老大是真小人，見過各種頂級壞蛋。江湖道上被稱老大凡數十年，豈是浪得虛名之輩？對付不了台灣民間級的業餘網軍，將來要如何應付大陸國家級的職業網軍？我依然認為洪秀柱最好主動退選。歡迎大家前來洗版！

胡忠信、周玉蔻該丟臉卻得意

胡忠信、周玉蔻，我不曉得你們在得意什麼？

得意你們的換柱計畫說了好幾個月，如今證明果然真有此計畫，因此你們是適格的專業媒體人？

其實你們差得太遠。在朱立倫願意承擔責任披掛上陣之前，並沒有真正的換柱計畫。所以你們大部分時間都在被人利用，放話打壓洪秀柱。你們從來就沒有為國民黨著想過，只怕自己預測鬧笑話、擺烏龍，利用媒體公器施壓他人，遂行己意，如此而已。

你們的名嘴生涯，依然是看報紙、看臉書找新聞。東家長、西家短播流言。這能叫有深喉嚨秘密管道，天線夠高直通兩岸高層嗎？

別再往自己臉上貼金了。真正的換柱計畫，你們根本不知道。

我提出解決朱立倫換柱方案　沒人理會

有一個方法可以圓滿解決洪秀柱和國民黨中央，直接對撞，兩敗俱傷的難題。

林火旺説，洪秀柱和朱立倫一樣有誠信問題。因為她承諾不拿黨中央半毛錢，希望把競選經費全投到立委身上。但開銷卻要國民黨買單。

如果真的如此，是洪秀柱不了解總統大選的開銷。以前威權時期，國民黨選舉前都擺桌宴請富商募款，大家樂捐心甘情願。因為選後知恩圖報，魚幫水、水幫魚。

李登輝當總統時，劉泰英掌握黨產，在股市翻雲覆雨。宋楚瑜為黨秘書長，當散財童子，黨籍候選人根本不必為錢煩惱。雖然被罵黑金，卻鞏固了李氏王朝。

只有馬英九選總統，靠自己的明星光環。當選之後，不但處理不當黨產，還改革地方派系。為圖清廉虛名，國民黨人、財兩空。他忘了胡忠信的教誨：「黨」是頭上三把刀，把字拆開，叫「尚黑」。不敢拿刀砍政敵者，不昧著良知幹黑心事者，不宜從政。小馬哥變老馬伯後，照樣被罵黑金。他活該！

洪秀柱訓導主任出身，以為總統大選像管幾個搗蛋的小屁孩，不用花什麼錢。早問劉老大，我就會告訴她，對手花多少，妳最少要花對方的一半，沒錢根本不要選。靠小額捐款，靠選票補助，都是笑話，因為財源無法準確預估。軍隊開拔，糧草不明，這仗怎麼打？

還好火旺老師電視上的一席話，讓我想起一個妙點子。

朱立倫和洪秀柱堅持對撞，國民黨非死即傷。乾脆兩人分道揚鑣，各自為黨效力。朱立倫以黨主席身分，統合國民黨資源，為黨籍立委輔選，不要給洪秀柱半毛錢。兩岸政策為九二共識，一中各表。

洪秀柱的競選經費，除由募款捐助支應外，先由旺旺中時集團買單。蔡衍明熱心祖國統一大業，對洪秀柱一中同表的兩岸政策，支持不遺餘力。否則不會指派副董事長胡志強前往洪秀柱競選總部幫忙，換黃智賢主持《網路酸辣湯》，大力聲援。

蔡衍明是台灣首富，由他全力支援洪秀柱的競選經費，柱柱姊聲威大振。誰敢再將洪總部當丐幫？旺旺集團公司多，如何報銷以免違規，自有專家處理，支持者不必擔心。

有一位民進黨的死忠政治人物，以為劉特首真是習大大的換帖兄弟，私下向我輸誠。他發誓説，如果習大大能讓他成為台灣首富，不要説退出民進黨加入共產黨這點小事，要他參加解放軍攻打台獨分子都行。

蔡衍明因大陸而成台灣首富，花點小錢幫幫洪秀柱，豈有不願之理？

在蔡衍明的支持下，洪秀柱繼續參選總統，母雞不管小雞。朱立倫主席只承擔輔選小雞責任，母雞生死和他無關。大家比一比，明年誰的選票多。不但盡釋前嫌，又可良性競爭。劉老大這個主意，各位板凳以為如何？

（附註）

重看此文，我難抑心潮起伏。我這個建議雖然不能扭轉大局，卻能避免以後發生的搓圓仔湯官司，降低藍營分裂風險，和支持者提前心死，未戰先潰的不堪局面。或許由蔡英文當選總統，向習近平求和，真的是她的宿命。我擔心她在命運開她玩笑後，逆天而為，讓台灣走向獨立之路，帶來不可測的災難。我關心兩岸同胞，希望早日和平統一，共創榮景。

主權找不到方向 政權爭戰不休
台灣豈有活路？

我給洪秀柱的建議。

事到如今，與其媚俗爭取黨代表支持，不如退選，傳播一中同表理念，為兩岸同胞造福。

昨天的中華民國國慶，台獨、獨台共同在總統府觀禮台上演出的鬧劇，令人捧腹。馬英九不獨，蔡英文不統，雙方都要維持現狀。但沒有人說明真正的現狀是什麼？該如何維持？

中華民國要購買多少武器，訓練多少兵力，才足夠自衛，沒有人敢提起。國家應該傾中或傾美、日，才對人民有利，沒有人提出主張。天下沒有小國依違大國之間，卻能長期從中取利的美事。總有必須表態的一天，這是總統的

職責。主權找不到方向，政權爭戰不休，台灣還有什麼活路？

兩岸問題其實是統獨問題。現狀已經改變，台灣今後該走終極統一或終極獨立的路，必須作出選擇，預為因應。我是主張終極統一的，但由這次大選的民調看來，我和洪秀柱不但是少數，連聲音都出不來。中天提供平台，讓洪秀柱、蔡英文兩人辯論國家方向，但蔡英文勝券在握，置之不理，洪秀柱也只能徒呼負負。

我想洪秀柱應該把握中天電視這個發聲平台，把理念傳播出去。她可和蔡衍明研究，舉辦高中、大專、社會各組的辯論賽。題目以統、獨為綱，讓年輕人組團參加，一起為台灣找出路。

辯論方式採全國海選，最佳辯士、最佳團隊等獎金要高。如果能辦成像《中國好聲音》那樣熱門的節目，為理念宣傳和教育民眾的效果，將十分驚人。

洪秀柱口才便給，又長期投身教育。找人找錢籌辦一系列的電視辯論節目，應該不會太難。明年大選後，兩岸問題一定是焦點，大家可聽聽年輕人的意見。

我一向認為選舉是庸俗的。競選期間多數人都在努力騙票，在各為其主的激情中，有理說不清。選後的政策辯論，比選戰的文宣，理性而有趣。洪秀柱這次的遭遇，使她成為最適合的主辦人。希望她把劉老大的話列入考慮。

蔡英文當選　加速兩岸統一

我對洪秀柱是否主動退選，當然沒有意見。她有自己的理念，或許戰死沙場，才是更好的選擇，不勞外人置喙。國民黨應由誰取代洪秀柱選總統，對黨和中華民國最好，和劉老大不但無關，而且利益相反。我想當台灣特首，每天思考的是如何和平統一、一國兩制。中華民國一息尚存，劉老大美夢天天成空。坦白説，蔡英文當總統的中華民國，我比較好下手。因為她明明是個台獨，卻披著一中憲法的外衣，把我和習大大當瞎子。不狠狠修理她，還以為人人都是馬英九。

閒話少説，言歸正傳。我前幾天正要 PO 文時，臉書突然消失，大費周章東查西問，才知道是人頭帳號太多惹禍。本來不想太快申請解除封鎖，休息一陣寫書再説，但兩件事讓我改變主意。一是粉絲的關切。有的真心，有的假意。真心的希望我傷癒歸來，假意的盼望我早登極樂。劉

老大從不做親痛仇快的事，自然努力向臉書公司交涉，重新登版。二是劉老大離奇失蹤期間，不肖名嘴又猖狂了，尤其是胡忠信。他不但以揶揄的口吻說，他以前對洪秀柱的忠言都是為她好：「現在大家知道我才是柱柱姊的真正粉絲了吧？」引起現場一陣笑聲。笑聲過後，他更以權威的姿態宣布，朱立倫逼退洪秀柱之後，自己不會選總統，而會當副手。那誰會選總統呢？胡忠信認為王金平或吳敦義都有可能，但以王金平的機率較高。

胡忠信要大家別忘了他最早提過的國民黨勝選方程式。那就是王金平選總統，朱立倫選副總統，並宣布當選後由宋楚瑜擔任行政院長組閣。他在陳敏鳳的呼應下，洋洋得意地說，不但國民黨高層黨工對他消息靈通嘆服，連北京負責對台工作的高級官員都來電致敬。因此他已經在年代新聞台連續講了三天。

胡忠信、陳敏鳳兩人的推論，已經到了造謠、寫小說的地步，稍有常識的記者都説不出口。但兩位所謂資深媒體人出身的名嘴，卻説得口沫橫飛，其他名嘴已經有人跟進。胡忠信不愧是名嘴龍頭，烏龍爆料，謊報連篇，愈錯愈紅。

我不必查證就知道，朱立倫一定會選總統，不會擔任副手。不會有什麼王朱宋的勝選方程式，那是胡忠信自己編的獨家。他到現在還不了解國民黨換洪秀柱的真正內情，以致推論愈走愈偏。胡忠信、陳敏鳳，你們敢不敢和劉老大對賭，輸的從此不可在公共論壇發言，如何？或你們有更好的主意論輸贏，規則你們訂，我全接。

大選已經破了百日，答案很快揭曉。各位板凳仔細看，海水退潮後，那些名嘴沒穿褲子！

海水退潮時　裸體名嘴現形

昨天我 PO 文要求和胡忠信、陳敏鳳對賭，輸的人今後閉嘴。我當名嘴時，打賭從未輸，吵架一定贏。他們見識過劉老大的風采，當然不敢和我賭。

為了讓大家了解目前一些以資深媒體人身分，在電視節目上胡說八道的現況，我請各位仔細看，這次國民黨臨全會的發展。是自稱天線很高的胡忠信、陳敏鳳對，還是朋友來自四面八方的劉老大正確。

昨天電視上的胡忠信和陳敏鳳，前幾天一直掛在臉上的得意笑容不見了。陳敏鳳在黃光芹的一陣猛攻下，已經繳械。胡忠信和周玉蔻同台不同調。小公主和忠信兄的採訪功力有別，她到底看上他那一點？難道胡忠信有我不知道，只有小公主才知道的長處嗎？

有粉絲要我不必浪費精神在胡忠信這種廢人身上，以免氣

壞身子。但劉老大就是犯賤。每天不盯著他，看他出醜，隔天 PO 文加以指導，當天就感失落。這種奇妙的心理，希望板凳們能夠理解。尤其我的粉絲專頁叫《名嘴追追追》，就是針對胡忠信和他的黨羽而設。不盯他，要盯誰？

胡忠信昨天雖然還是堅持他的王金平、朱立倫搭配選正副總統，禮聘宋楚瑜為行政院長，是目前正在進行的政治大戲，也是洪秀柱被撤換的真正原因。但色厲內荏的神情，根本騙不過大家的眼睛，連同台的小公主都在偷笑。稍有廉恥的媒體人早就道歉了，他卻可以避重就輕，打算逐漸轉向。

胡忠信，你不要再鬧了!! 今天海水已經退潮，裸泳的人是你。陳敏鳳見機早，趕快穿泳衣。不過匆忙中沒穿好，裸了一半。

昨天你細數了提出王、朱、宋勝利方程式的消息來源，並強調答案十七日才會揭曉。真有把握，我們重新賭一把，輸的人白天裸體繞國父紀念館跑三圈。我輸了，只好露出我的短處，輸上加輸。你輸了，卻可展現你的長處，雖輸猶贏。這麼有利的條件，你如果還不肯賭，表示你從開始到現在，都在騙人。

民進黨團結成英派　國民黨卻爭吵不休

今天中午寫了一篇稿子，一不小心又按丟了。本來不想再寫，剛剛看到胡忠信等諸名嘴又在胡吹，只好簡略補 PO 一篇。

換柱是國民黨高層共識，拱朱當然也是。如果朱立倫不肯承擔責任，換了洪秀柱由誰來選？這麼簡單的道理都不懂，當什麼名嘴？分析什麼選情？

如果換柱之後，國民黨依然會四分五裂，朱立倫肯答應充當換柱的殺手嗎？他可是明年國民黨敗選後唯一的地方諸侯。新北市小內閣可收容多少國民黨人才，市長之位比黨主席更重要，他會為了勝選無望的總統，揹負來自四面八方的責難嗎？

朱立倫換洪秀柱，當然道德有虧，因此必須對柱柱姊和挺

柱者一再道歉。不過就拉抬國民黨選情而言，洪秀柱遠遠不如朱立倫。理由以後再說，因為說來話長。劉老大目前沒有心情，重看以前 PO 文，可以略知一二。

民進黨擺出團結的英派搶政權，國民黨好不容易形成的朱派，卻在親綠媒體和名嘴攻擊下，再現疲態。高層放下心結團結了，支持者各為其主爭吵不休。理由都對，實際不通。藍營的特色是知識水準高，但拉票行動力弱。號稱十萬的動員，只有數百人現身。這種能量，還要堅持選到底，把劉老大善意的提醒當耳邊風。我不開罵，是因為交情。敵人開炮，是當然的道理。

正告胡忠信等名嘴，你們今晚在年代新聞台的推論都不對。不服氣再賭一賭。輸的一樣國父紀念館光屁股跑三圈。

劉記者準確預言　朱立倫帶職參選

記者最有成就感是跑出獨家新聞時。記者最困難的選擇是為了國家利益，把獨家放棄。有些內幕必須暫時放在心裡，必要時甚至應該帶進墳墓。

這次總統大選，國民黨發言人楊偉中的表現，讓我驚艷。原來朱立倫帳下，能人不少。假以時日，他們會在台灣發光發熱。

國民黨或民進黨不管誰執政，對手都是習近平。台灣必須在中國和美日之間找出路，本來就不容易。何況台灣充斥著不理性的選民，自私自利的政客，和胡言亂語的名嘴。難怪朱立倫在選與不選間，舉棋不定。蔡英文勝券在握，卻面露憂色。因為明年的中華民國總統，不是英雄人物，無法承擔重任。蔡英文要安撫獨派，朱立倫要應付統派。相對而言，習近平還比較好說話。他不但了解台灣，更了

解世界。因此不會為難台灣的領導人，除非他出格。

如果我是習近平，我不會急於處理台灣問題。台灣已經沒有明獨，只有暗獨。隱性台獨對中國毫無威脅，是無害的存在。國民黨要在台灣的選舉制度下生存，必須在一中原則下有各自表述的空間。台獨和獨台，雖然目前都拒統，但獨台最後會認祖歸宗。兩者本質不同。

洪秀柱理論正確，也說了真話，不過跑太快反而打亂棋局。她的分量和團隊，不足以治理台灣，也帶不動國民黨。

如果蔡英文當選總統，不肯承認九二共識，中共會以國民黨為協商的對象，把民進黨晾在一旁。民進黨必然尋求美日援助，國民黨是就近監督的力量。洪秀柱是國民黨，卻

成不了黨中央。我相信中共同情她的遭遇，但不能出手相助，以免害了中國國民黨。

以上是劉老大自己天馬行空的分析。信不信由你。

以下是劉記者的報導，必須相信。朱立倫會帶職參選總統。國民黨選情會因主席親征而令人耳目一新。誰出任朱立倫副手，由朱拍板。馬英九反對王金平再當立委，朱立倫原則同意。如果朱立倫因選情需要而妥協，馬英九不會反對。王金平不會選總統，只能和洪秀柱一樣服從黨中央。宋楚瑜和上次參選總統一樣，成為政壇笑話。

選舉造成台灣撕裂　後患無窮

我對洪秀柱遭國民黨撤換的感想。

（一）堅持政治理念是高貴的情操。但當了那麼久的立委，竟然錯估自己實力和周遭政治環境到這種地步，令我駭異。國民黨處理不了洪秀柱，它就不叫國民黨。傾全黨之力推不出朱立倫選總統，要如何對抗民進黨？

（二）我不支持國民黨，也不支持洪秀柱。我只是認同一中各表走向一中同表的國家路線。那一天民進黨放棄台獨主張，和中共進行和平談判，我會支持民進黨。

我從一九八九年天安門事件發生前，就到大陸採訪。我第一本書《江湖一本正經》，對兩岸事務的一些主張，中共現在才開始實施。劉老大的高度，目前是和平統一，或許有生之年會變成世界大同。我玩臉書可以胡思亂想，自彈

自唱，但國民黨的總統參選人洪秀柱不行。她必須完成黨交付的任務，顧慮黨的立場。

（三）台灣選舉對社會造成的撕裂，已經到了通盤檢討的地步。平時溫文儒雅的人，往往因政治狂熱而理盲。我經常思考民主制度的優缺點，目前最認同李光耀的看法。

不過我也認為天下沒有十全十美的制度，必須與時俱進，因地制宜。林洋港當司法院長時曾經告訴我，李登輝應該趁勸退老國代，雙方談條件時，找專家學者大幅修憲。國代拿了好處退休，必然通通舉手贊成。他們被罵老賊下台前，起碼留下一部好憲法，否則以後修憲會很困難。阿港伯的預言成真，這才是智者之言。

（四）這次國民黨的家變和即將與民進黨開展的選戰，是

大陸以後地方放權最好的參考地點。北京九三閱兵雖然精彩，但只是表演。這次台灣大選的民主戰爭，不見煙硝，卻真刀真槍，過程兇險。多派些觀察團來學學。

不過我擔心的是，一旦習大大知道台灣同胞如此精於暗算同志，抹黑政敵，放棄了統一大業，那劉老大的特首之夢，豈不是飛了！

國民黨換柱　展現霸氣的弔詭

今天國民黨的臨全會，展現了執政黨的氣勢。民進黨一定看得驚心動魄，那裡還敢躺著選。

洪秀柱、馬英九、連戰、吳伯雄、朱立倫等人的演說，皆有可觀之處。連擔任司儀的吳育昇，都很出色。

一些想看國民黨分裂的媒體失望了。大陣仗的現場直播和名嘴評論，居然看到國民黨團結。連遭撤換的洪秀柱都要求支持者留在黨內，並呼籲跳船棄黨者回娘家，和她一起推動改革。這種仇痛親快的表現，可圈可點。

國民黨成功地將九二共識、台灣出路和中華民國做了連結。提醒兩岸和平發展，是馬政府和國民黨的功勞，民進黨不要企圖收割。而民進黨的台獨思想，會對台灣造成災難。一連串的街頭運動和造謠抹黑，才是社會動盪的原因。

長達三個月的總統提名風波，國民黨的男人們只要硬起來，半個月就能解決。原來國民黨人才不少，只要打破心結，真正團結，就可以上馬殺敵。而勇敢向前行的霸氣，竟來自撤換洪秀柱的體悟，真是弔詭。

今天國民黨全代會的結果，打了許多媒體和名嘴的臉。劉老大早就給了他們答案，他們到現在還在胡說。

胡忠信最不要臉。他的選情分析和正副總統配對，沒有一件正確。他常說日本人有羞恥心，犯了錯會切腹。他不必流血，在節目中剪個手指甲，意思意思行吧？

民進黨終極獨立　國民黨終極統一

朱立倫邀蔡英文辯論兩岸問題，雖然尚未成局，實際已經開始。因為他們都接受了媒體的訪問，就兩岸問題各抒己見，針鋒相對。這是另一種形式的辯論。

不過少了現場的交互詰問，他們又刻意迴避核心問題，很多人搞不清楚，只好各自解讀。以下是劉老大的愚見。

蔡英文訪問美國、日本後，知道當中國一旦企圖改變馬英九不統、不獨、不武的現況，從消極防獨變成積極促統，屆時美日將提供協助。於是蔡英文聲稱她認同中華民國，但不承認九二共識。她的真意是中華民國和中華人民共和國，隔海分治，一邊一國。兩國論有引發戰爭的危險，只好披著中華民國的外衣，藉憲法一中，掩飾台獨的兩中。她的施政規畫，除了加強自衛武力外，還設法產業轉向，避免過度依賴中國。她的所做所為，終將踩上北京反分裂

國家法的紅線，迫習近平動武，讓台灣地動山搖。

劉老大曾經舉例說過，在習近平的信任和支持下，我在五年之內，可以和平統一台灣。台獨勢力愈大，統一腳步愈快。這不是胡思亂想，而是愛護台灣的警告。PO 文一出，大陸同胞和統一促進黨同志，鼓掌歡呼。一早就向我請安，劉特首早！劉特首要吃飽！無微不至。

這些反獨同志和劉老大一樣，總覺得有習大大當靠山，有解放軍當後盾，把台灣打個稀巴爛，易如反掌。不過劉老大是老江湖，先不說習近平不認識我，解放軍的武力如何，也得先試試。因此劉老大公開提出，大陸今後軍演地點，應該選在釣魚台。展現不畏美日聯軍，誓死收復失土的決心。當美國、日本都向中國屈服時，民進黨的台獨之夢，立刻驚醒。劉老大玩臉書的體驗之一是，網路世界虛

實難分，互相疑神疑鬼。在習大大公開舉行釣魚台軍演，
取信世人之前，我認定解放軍打不過美日聯軍。

不過國民黨的高層不同。他們除了馬英九之外，都見過習
近平。對習大大的想法和中國的國力，比民進黨從美國接
收的，更深入，更了解。當這些人一致認為，不撤換洪秀
柱，不制衡民進黨，台灣將陷入明顯而立即的危險時，勇
敢的台灣人最好相信。因為大陸軍力就算屈居世界第二，
修理美麗的台灣寶島，還是綽綽有餘。

我研判國民黨這次拱朱換柱，都經過大陸和美國的默許，
甚至鼓勵。蔡英文當選或朱立倫當選，都要仰人鼻息。不
過也因為中共和美國在台灣的角力，中華民國才能繼續生
存。民進黨走的是終極獨立的親美路線，國民黨走的是終
極統一的親中路線。雙方都只能做，不能説。在各有難言

之隱的情況下，難怪候選人說不清楚，講不明白。各個名
嘴都可各取所需，各自解讀。

如果讓我說實話，我會支持國民黨和朱立倫。我相信時勢
逼他只能勇敢承擔，他無法創造時勢。不要以為劉老大真
的想當特首。不過如果台灣領導誤判局勢，走了錯路，中
華民國被消滅，習大大逼我當特首，我也只能勇敢承擔，
義無反顧。

打賭從未輸　吵架一定贏

剛才監看年代新聞，張雅琴在炒民進黨立委到特偵組告發國民黨朱上洪下，涉及搓圓仔湯的新聞，我覺得好笑。因為這屬政黨自主的政治事件，根本不涉及違法。

我認為特偵組會很快查明真相，並簽結本案。對朱立倫的競選，不會造成損傷。民進黨的司法干擾，如果操作過頭，反而會自食惡果。

沒有人會和我賭，劉老大只好找劉特首輸贏。一旦我的預判不準，請五千名粉絲吃流水席。剝奪老大和特首頭銜，改名劉忠信。

不知何謂恐嚇　談什麼恐嚇牌

我來告訴民進黨和無知的名嘴們，什麼叫恐嚇牌？

刑法上的恐嚇罪，必須讓遭到恫嚇者心生畏懼才會成罪。如果劉老大打電話給胡忠信說，你天天胡說八道，以後會不得好死。胡老鼠接到劉大貓電話，嚇得躲進年代電視台。這算恐嚇嗎？當然不是！

胡忠信雖然心生畏懼，但劉老大並沒有恐嚇他，只是說出實情，希望他不要造口業，以後好死一些。何況好死不好死，沒有客觀標準。是否恫嚇之詞，法律無法判斷。

如果胡忠信接了電話，反嗆劉老大說，有種你別跑，報出地點，我派兄弟去殺你。他揚言找人殺我，總算恐嚇了吧？對一般人是，以為胡忠信無所不能，難免害怕。但對劉老大這種深知胡忠信者而言，這不是恐嚇，而是笑話。

朱立倫參選總統，要求蔡英文公開辯論兩岸問題，是不是用下流手段，藉中共恐嚇台灣，企圖騙票呢？當然不是。反倒是蔡英文、民進黨和親綠名嘴，掩蓋危機真相，才是騙票。

國民黨是承認九二共識的，用一中各表創造模糊，讓中華民國有繼續存在的空間。蔡英文要繼續馬英九的路線，卻否認馬英九路線的根本。此一根本是九二共識的一中原則。很多人搞不清楚一中、兩中的區別，讓民進黨有騙票的空間。

不承認九二共識，台灣會地動山搖，這是習近平向全世界說的。國民黨告訴台灣民眾此一危機，是真相的陳述，那裡是恐嚇的行為？真正恐嚇台灣人民的是劉老大。因為我在臉書上公開說，讓我當特首，我就率領手無寸鐵的大陸

人犯，跨海征台。

我認為國民黨要求和民進黨辯論兩岸政策的選舉策略是
無效的。因為就算朱立倫把危機説清楚，勇敢的台灣人不
但不怕，還會當成笑話。連胡忠信這種無膽匪類都敢公開
嗆習近平了，中共當然是紙老虎。什麼地動山搖？搖搖看
再説！

習大大是劉老大的拜把兄弟，我知道他言出必行，不像台
灣名嘴政客，隨便説説。不過目前的政治氛圍，假話大家
信，真話沒人聽。連什麼叫恐嚇都搞不清楚，還栽贓國民
黨打恐嚇牌。真是悲哀！

國民黨必須區隔民進黨的兩岸政策

劉老大給國民黨總統參選人朱立倫和他的競選團隊楊偉中等人的忠告。

國民黨和民進黨的兩岸政策必須做出區隔，如果同樣採取獨台的策略，將同樣給台灣帶來危險。

「九二共識」的根本是一個中國的原則，「各自表述」是北京給國民黨的優惠。美國、日本這麼希望台灣獨立的國家，都否認中華民國的主權和國格，北京默許台北繼續選中華民國總統，繼續擁有廿多個邦交國，已經給足面子。不要誤判局勢，站錯隊伍。

有人貼文問我，既然那麼喜歡中國，為何不住在大陸。這位網友太客氣了，如果不是劉老大，早就罵我台奸，滾回大陸了！

劉老大澎湖出生，在台北念書，到大陸採訪，三個地方都買了房子。如今退休住在台北家中玩臉書，不入閣，不入府。愛住那裡，隨我高興。要不是大陸玩臉書必須翻牆，我早就到上海吃喝玩樂了。台灣以前很美，現在亂成一團，劉老大住愈久，心愈煩。這和愛不愛台灣無關，就算不愛台灣又如何？

台灣同胞近年來的表現，讓我感覺懂愛的不多，會恨的不少。口口聲聲愛台的人，做的都是害台的事。劉老大少小離家，浪蕩江湖。結交各路英雄，愛慕各地美女。人生路上難免悲歡離合，劉老大以真情相應。相聚是真，別離亦真。所以寧當真小人，不做偽君子。我真的不懂為什麼愛台灣就不能愛大陸？難怪有些人追不到女朋友，會把她殺了，讓別人也追不到。這是同樣可怕的思維。

雖然清朝把台灣割讓給日本統治，但不管推翻滿清的中華民國，或趕跑中華民國的中華人民共和國都將台灣、大陸視為一體，不容分割。台灣一日不統一，永遠要處於被統一的危險。拒絕統一的代價，隨強國崛起而增加，終非台灣民眾所能負荷。這不是危言聳聽，也不宜加以驗證。難道真要兵戎相見，以結果定輸贏？

當民進黨由台獨位移為獨台時，國民黨必須與時俱進，位移至終極統一，否則無法區隔。一旦國民黨和民進黨的獨台主張融為一體，在美國、日本的支持下成為防堵中國突破太平洋第一島鏈的棋子，則是正式引外國勢力入台，和大陸祖國為敵。到時膽小的小劉要先溜了，躲回上海看微博，隨時準備習大大徵召本人當特首。

朱立倫換下洪秀柱，因為她的兩岸政策衝過頭，但她的方

向是對的。朱立倫如果為了中華民國和國民黨的生存，在選票的壓力下，和民進黨一樣把台灣帶向危險之路。他將成為提前毀黨、毀國的禍首。

台北和北京的溝通管道是暢通的。朱立倫和他的競選團隊，如果真像周玉蔻說的，不是終極統一的統派，而是終極獨立的獨派，那他不僅不是創造時勢的英雄，還是昧於時勢的騙子。我不相信周玉蔻，但了解北京的決心。朱立倫的作為，那些是只能做不能說，那些是不該說卻故意說，劉老大清楚得很。朱立倫要表現出真正以大局為重的承擔，否則劉老大只好向他開火。

群群的孤雁　如何飛過那高高的矮牆？

一天沒PO文，心情怪怪的。好像小時候偷懶，作業沒交。

我在《新聞一本正經》的書中，提到一件文人相輕的趣事，節錄給大家瞧瞧，否則每天都在算到底是一個中國還是兩個中國，簡單的數學用政治算法，果然複雜，確實難搞。

我和馬英九同樣是預官23期。在成功嶺受訓時，不在同一連隊。我的連上有許多中文系的大專兵，年紀雖小，才氣縱橫。

有一天出完操休息，新詩派和古詩派又起爭論。一名以李白、杜甫傳人自居的童鞋，大罵紀弦和瘂弦。他說雙弦的新詩是狗屁，「老子五分鐘就可以作一首！」這麼猖狂，活脫脫是個胡忠信。當然引起新詩派反彈，要他當場作一

首，否則踢下成功嶺。

童鞋擺出曹植七步成詩的派頭，高聲吟道：群群的孤雁飛
過那高高的矮牆，烏黑的白雲動也不動地向西漸漸飄去。
呼嘯的北風徐徐吹來，毛毛細雨傾盆而下。我低頭仰望，
漆黑的天空一片通紅。原來空即是色，色即是空。

怎麼樣？有才吧？孤雁有沒讓誰想起低頭仰望的柱柱
姐？

沒湯沒圓仔　如何搓圓仔湯？

藍綠都在罵特偵組。藍營說它辦藍不辦綠，綠營說它辦綠不辦藍，只有劉老大稱讚它依法辦案，不分藍綠。

民進黨和台聯黨兩名女立委共同向特偵組告發朱立倫、洪秀柱搓圓仔湯，導致洪下朱上，換人選總統。特偵組有人告發能不辦嗎？不辦才是辦綠不辦藍。偵辦是正確執法，有什麼好罵的？

該罵的是那些利用司法程序進行政治表演的政客，和那些遭人利用傳播謠言的名嘴。

我相信檢察總長顏大和、特偵組主任郭文東和他們挑選的整組檢察官們的能力和操守。司法圈我比任何人都熟，誰清誰濁，誰強誰弱，別想騙我。劉老大從不為個人的道德和能力背書。這次破例，我為特偵組背書。從他們偵辦的

腳步，可以看出他們的專業。我沒想到的，他們想到了，劉老大不佩服都不行。

前幾天我預測，全案會很快簽結，朱立倫、洪秀柱沒事。因為這是政治事件，不是司法案件。總統副總統選舉罷免法的規定，是錯誤立法，後患無窮。

朱立倫接棒洪秀柱打選仗，是國民黨的家內事。兩人都為黨的利益而犧牲，沒有人因進退而獲利，這能叫搓圓仔湯嗎？沒有湯也沒圓仔要怎麼搓？

政黨基於選舉利益的協調和布局，是戰略和戰術的運用。民進黨的「選對會」，很早就和第三勢力合縱連橫，全國搓來搓去，有人告發它搓圓仔湯嗎？萬一有藍營立委出面告發，蔡英文遭到偵辦，社會又有什麼看法？

特偵組加快偵辦腳步，當然是要儘快平息這種藉司法手段干擾正常選舉的惡劣風氣。陳亭妃下周一出庭，提不出什麼具體證據的。證人Ａ，證人Ｂ，都在唬人。胡忠信的四億更是胡說。錄音檔也是謠言，真有早就播了。

我相信特偵組這次的偵查行動，比我前幾天的預測細膩，但結果和我的想法相同。內行看門道，外行看熱鬧，反正答案在陳亭妃出庭作證後會很快揭曉。可憐的劉老大粉絲，不但吃不到流水席，還會看到胡忠信、姚立明、陳敏鳳等名嘴政客在裸泳。

政治選舉　不能陷入司法干預漩渦

同樣念法律的人，有人熟記法條，有人探求法理。會背法律條文，卻不知立法真意者，只是二流法匠。必須法條熟，法理通的司法人員，才會給社會帶來正義。

朱立倫取代洪秀柱參選總統，是國民黨的家務事。換的對不對，黨會不會分裂，後果由國民黨承擔。民進黨和親綠名嘴對洪秀柱的聲援，真心的少，見縫插針的多。陳亭妃告發朱立倫和洪秀柱兩人涉嫌搓圓仔湯，違反總統副總統選舉罷免法，當然不是送溫暖給洪秀柱，而是希望把朱立倫拉下馬。這種藉司法手段遂行政治目的作法，當然會浪費司法資源。

全世界的選舉沒有不花錢的，因此准許募款和收受政治獻金。政黨補助它提名的候選人，不但正當，還是義務。總統選舉從來都是最激烈的黨爭，因為事關政權轉移。民主

水準高的國家和政黨，可以用君子之爭的正面手段取勝，反之則只能用負面手法奪權。目前世界各國，不論先進落後，幾乎都採負面選舉。台灣的陰狠花招，早已聞名國際。

利用司法手段干預政治選舉，是台灣的特色。因為台灣的政客和選民，大多不了解政治和司法的分際。司法機關只能抓買票、賣票和搓圓仔湯等犯罪行為。不能插手政黨內部如何推舉候選人，和政黨之間合縱連橫的協商，否則就是法律干預政治。

以這次總統大選發生的事件為例，法律不能管國民黨依照黨章究竟派誰出戰，能否換人出戰。為黨出戰要資助多少經費，換將之後該如何安排安慰，也都是黨的家務事。由黨自行處理，自行負責。

民進黨可以在全國和其他小黨協商禮讓名單，也可以先行布局立法院長，甚至徵詢組閣人選。為了達成大聯合政府目標，資助特定候選人，或為被勸退者承擔選舉債務，這都是合理的選舉方法，不是搓圓仔湯的犯罪行為。在內閣制國家，組聯合政府，釋出閣員交換條件，算搓圓仔湯嗎？司法能傳首相、大臣深入偵辦嗎？

搓圓仔湯是賄選的一種型式，是特別刑法的犯罪行為，必須有主觀的犯意和客觀的犯行才會成罪。洪秀柱依法募款、依法報銷、依法退還捐款，連國民黨合法補助她的三千萬都拒收退還。她該收的錢都不肯收，喝了什麼圓仔湯？國民黨的三千萬早該給洪秀柱了。她代表國民黨選總統，缺兵缺糧。連戰死沙場的機會都被剝奪，還要出庭應訊，捍衛人格清白。這種司法操作，有意思嗎？

蔡英文主席，反正民進黨已經信心滿滿，大勝在望，何不約束所屬，不要再用罷免、控告等手段騷擾國民黨？因為罷免案最終不可能通過，搓圓仔湯案又很快會處分不起訴。這些雖然無礙選舉大局，卻有損妳塑造的和平理性形象。聽我的勸告，劉老大不是胡忠信，勸妳是真的為妳好！

名嘴政客的鐵證　經不起司法檢驗

忍了兩天，看胡忠信又在胡說他同情洪秀柱，五億元搓退洪秀柱並非空穴來風，而是有人告訴他。加上法學博士姚立明大秀法律知識，其他不分藍綠的名嘴政客紛紛搶進，強調他們不信任特偵組。劉老大只好出面發聲，表示我一仍舊貫，對特偵組的支持。

要裁撤特偵組，劉老大沒有意見，立法院修改法院組織法就行。要變更國體領土也可以，修憲就行。但在修法修憲前，必須守法守憲，這是義務和常識。我請問，當特偵組以搓圓仔湯的預備犯起訴朱立倫、李四川、葉匡時等人之後，綠營會不相信司法嗎？藍營會乖乖服氣嗎？特偵組辦案必須先考量政治氛圍作為依據嗎？

法律不能干預政治，政治當然也不能干預法律，這是民主法治國家的基本原理。小屁孩衝撞教育部，少數立委霸佔

主席台，顯示台灣有民主，沒法治。台灣的亂象，從民眾只知爭民主自由，卻不肯守法守紀開始。少了法治的民主，終將流於民粹，造成政府無能，誰執政都一樣。破窰子那能燒出好瓷器？易碎易倒是預料中事。

姚立明說陳水扁在日本藏了三百億新台幣，害得特偵組透過美國國土安全部，假藉防恐名義，大查特查。結果姚教授進了特偵組說明消息來源，卻是道聽塗說。胡忠信從長崎蛋糕事件開始，每次爆料，每次出包。要他說明消息來源，他就抬出記者有保密的義務，只有在檢察官和法官面前才能透露。他不但是偽君子，還是假記者。真記者的魄力是，就算會坐牢，消息來源打死都不說。胡忠信每次躲進特偵組求援，每次都被剝光衣服逐出。他對特偵組，只有仇恨，沒有信任。

周玉蔻、陳敏鳳等名嘴的烏龍爆料也不是什麼新鮮事。進特偵組時向檢察官公開示好，希望為她們傳播的消息背書。偵查結果判定她們是謠言散播者，開始潑婦罵街。什麼司法不公，特偵組無能，喊得震天價響。司法死了沒有，由小公主們決定。偵查、裁判對她們有利，生！不利，死！

只要中華民國還有特偵組，由它們承辦的案件，只能選擇相信。偵辦結果不管信或不信，都要接受。台灣的司法已經和戒嚴時期不同，不是那一黨開的，也不需要為政治服務。司法當然還要改革才會進步，全世界沒有十全十美的司法人員和司法制度。在劉老大眼中，台灣司法比起名嘴政客，可信度高太多了。

偵查不公開，因此特偵組到底掌握了多少證據，不必提供

一些讓名嘴「聞香」。周玉蔻用台語要求特偵組拿出國民黨開給洪秀柱的三千萬支票，「讓大家聞一下香！」說完眼睛一斜，鼻嘴一皺，咯咯咯地笑的像母雞。她這種不安好心的提議，騙騙外行的平民百姓可以，想讓特偵組上當洩密，她白費心機。前檢查總長黃世銘向馬英九總統報告案情的洩密案殷鑑不遠，小公主就算取代蔡英文成了准總統，顏大和都不會露一點讓她聞香。

劉老大倒是可以 Show 一些猜測的內幕讓小公主瞧瞧。特偵組會很快結案，將偵查結果發交地檢署處分不起訴。案件依職權再議到台灣高檢署，維持不起訴處分而確定。

萬一劉老大判斷錯誤，除了請五千粉絲吃流水席之外，加入胡忠信裸泳團三年，和經常出包的各位名嘴一起裸泳。決不食言！

裸奔團長胡忠信　法律不通政治不懂

這兩天劉老大故意不PO文，讓胡忠信、周玉蔻、陳敏鳳、姚立明等名嘴政客繼續胡說。看到包括律師在內的一些名嘴們，紛紛加入裸泳團，真有意思。

胡忠信不愧是裸泳團的團長。法律不通，政治不懂，連猜都從未猜中。民間六合彩有一種賭法叫「不出牌」，有人稱之為「摃龜牌」。例如從1，2，3，到40的號碼，賭客圈選10個數字。搖號開獎，中兩碼叫兩星，中五碼叫五星。十個號碼全部摃龜，一碼都沒中者叫不出。不出牌的賠率比三星、五星還高。因為要全部都猜不中，非常困難。

胡忠信就有這種本事。自從我監看他兩個多月來，預測從來沒有說中過一次。摃龜功夫獨步全球，難怪成為年代電視的鎮台之寶。當他開始胡說時，其他來賓垂頭肅穆，標題則打出「胡忠信獨家解析」。

劉老大有一位童鞋，每次吃飯都像柯P，又快又急。他還有一個特色——搶菜。我問過他，請你吃飯，為什麼還要搶？童鞋說他的祖母去逝前交代，她一生逃難，三餐不繼。兒孫今後看見飯菜，必須奮勇爭先，不能客氣。因為吃不飽比不吃還餓！

法律也是如此，懂一半比不懂還糟糕。不懂法的人會請教專家；懂一半的人，如胡忠信者，不但不請教他人，還強做解人，在電視上「説法」。不加訓斥，豈不害死大家？

胡忠信，你聽好了！朱立倫、洪秀柱這種有沒有搓圓仔湯的案件，既然經特偵組盡全力偵辦中，作為下級的台北地檢署豈能插手？你公開向顏大和和蔡碧玉喊話：「特偵組不辦北檢辦！」是無知的鬼話。你這種十多萬律師費，都能算成四千萬的蠢貨，怎麼還敢談司法？

再指點你一下。偷看劉老大的臉書，不要只想挑毛病，在電視上反駁。有種就指名批判劉益宏，大家面對面辯一場。特偵組如果要起訴朱立倫等人搓圓仔湯，自行起訴就行了。就像起訴陳水扁之後，由地院、高院、最高法院審判。特偵組如果認定該不起訴處分，則必須交由地檢署處分不起訴，並依職權聲請再議。這種程序你沒聽過吧？劉老大一字一句都有深意，搞通了再上電視說。別忘了那位祖母的話：吃不飽比不吃還餓。老是掉書袋唬人，還不如當個目不識丁的白痴！

周玉蔻說特偵組的檢察官欺騙了她的感情，是愛情騙子，果然不失小公主本色。她常被感情蒙蔽了理智，和胡忠信終歸不是一路，劉老大不忍深責，以免把她弄哭。她的笑臉已經夠難看了，哭起來更嚇人。

台灣的名嘴最喜歡指導辦案。什麼該搜索而不搜索，該傳訊而不傳訊，該公布卻不公布，辦案該快卻拖延。人多嘴雜，各說各話。結論是特偵組不可信，司法已經死亡。

劉老大說過，司法辦案依法不依嘴。搜索扣押與否，該傳何人出庭，由辦案人員決定。信不信都不影響辦案結果，最後只能接受。有很多不實報導，透過名嘴傳播，擴大社會撕裂。媒體人不是首惡，就是幫兇。他們不知自省，還自詡為制衡力量。既悲哀又可笑。

總有一天劉老大會結合同志掃除媒體公害的。不過這次如果劉老大的預測錯誤，我會自行消失三年。其他名嘴不知是否願意跟進？不必三年，只須三天！

不知童舟是黃年的胡忠信　真不要臉

張作錦在黃年不久前出的新書《蔡英文繞不繞得過中華民國》作序：一九七八年，台灣民主的狂飆年代，黃年以童舟的筆名，寫〈一個災難的中國，必無苟免的台灣 ── 給黨外人士的諍言〉，接著筆者（即張作錦）以龔濟的筆名，撰〈必須有團結的台灣，始可有統一的中國──對中國國民黨的諍言〉，都勸勉朝野應為台灣的生存發展「同舟共濟」。

明明是張作錦和黃年各以筆名互勉，相知相惜。胡忠信卻說張作錦不敢以真名發表文章，見不得人。更無恥的是，張作錦造假。一人飾演三角色，自己拉抬自己。胡忠信用假的事實痛罵新聞前輩，造假的人是他。容他在電視上猖狂造謠，是台灣之恥。他必須付出代價！

錯把馮京當馬涼　居然天天當名嘴

有一件事想拜託網友，幫忙將昨晚十一時年代新聞台的高峯會中，胡忠信於十一時廿五分起，大罵前聯合報社長張作錦的片段剪下，片長約五分鐘。

胡忠信説張作錦獲馬總統頒獎，卻是很不要臉的記者。因為他發表文章不敢用本名，而用龔濟筆名。

胡忠信又説，龔濟寫文章，竟稱有一筆名童舟者，看法和他相同，實在無恥。因為龔濟、童舟都是張作錦的筆名。接著痛罵張作錦不知羞恥。

張作錦筆名龔濟，童舟是黃年的筆名。兩人是新聞圈的名人，隨便問個老記者，都不會出錯。但偽記者胡忠信不但弄錯了，還高聲痛罵好幾分鐘。

我認為年代老闆練台生不能放任胡忠信如此胡作非為了。
而張作錦先生可以採取司法手段，讓胡偽善負民事和刑事
責任。

麻煩幫忙將帶子剪下 PO 出，讓大家看看胡忠信的錯誤。
劉老大光罵他不行，必須採取行動，斬他後路。

練台生縱容名嘴禍台

正告練台生，我倆不認識，但有不少共同認識的人。你打聽我不難，我找你也很容易。當媒體大亨的社會責任，必須管控言論品質，不能淪為謠言製造中心。

昨天胡忠信在年代《新聞高峯會》，把張作錦、龔濟、童舟當成一人，公然侮辱並惡意攻訐的案件，先由你們電視台召開評議委員會處理。如果視而不見，我只好號召有志之士，依法進行外部干預。

新聞必須求真，錯了就是錯了。評論可以有不同立場，但據以批評的事實，同樣必須是真的。你江湖行走多年，當然知道這是基本的人情義理。先由你家法處置，是相信你的智慧和能力。

我不想管閒事。希望年代電視台把這次錯誤圓滿解決，維護媒體的正義和公信。

國家通訊傳播委員會　失能失職

昨天下午我到國家通訊傳播委員會（NCC）檢舉了年代電視新聞台。我當過台灣首富蔡衍明的人頭，義務出任中國電視公司不支薪的董事，當然知道 NCC 的威力。

NCC 對廣播、電視節目內容依法擁有很大的管理權。例如不准散播謠言、邪說或淆亂視聽。不准妨害公共秩序或善良風俗。不准煽惑他人犯罪或違背法令等等。

對於司法案件，廣播電視法規定，尚在偵查或審判中之訴訟事件，或承辦該事件之司法人員或有關之訴訟關係人，不得評論；並不得報導禁止公開訴訟事件之辯論。

如果違反規定的電視台，NCC 可處分警告、罰鍰、停播、吊銷執照。

對造成社會公害的名嘴和電視台，NCC 依據現有法令就

可以罰鍰或關台。但政府無能，行政怠惰，以致黃鐘毀棄，瓦釜雷鳴。我提出檢舉，希望 NCC 加強監控年代和壹電視。我先給練台生自行家法處置的空間，他不理我，我難道不會找管他的政府單位？

這幾天我感觸不少。社會上有那麼多正義之士，為什麼告發柯 P，檢舉年代，都由我出面？李艷秋怕我行俠仗義的老毛病一發不可收拾，私下勸我出國散散心，或許她是對的。

聯合報和張作錦都應該出面控告胡忠信。國民黨目前還是執政黨，有責任制止媒體亂象。如果這些直接受害人和該負責的政府機關，都願意唾面自乾、置之不理。劉老大有什麼理由強行干預，惹事生非？

我並不氣餒，只是感到不值。我的興趣在兩岸，中華民族的復興才是大題目。現在淪落到監看電視，挑胡忠信等人的毛病。這個劉老大，愈變愈小，必須閉關檢討！

劉益宏向劉老大、劉特首致敬

我想讚美兩個人。一個是劉老大,一個是劉特首。

劉老大料事如神,打賭從來沒有輸過。有些粉絲原先並不相信,繼而半信半疑,不久將會心悅誠服。看劉老大如此辛苦建立誠信品牌,真是可喜可賀。

劉特首為了避免台灣地動山搖,一再勸習大大和馬英九要拋棄虛矯身段,為兩岸民眾多幹實事,結果兩人同意到新加坡會談。英雄創造時勢,劉特首功不可沒。

各位板凳,由於保密協定,我不能透露太多。電視上一些名嘴的分析,很多都是錯的,可以當笑話聽,不能當事實信。反正答案將逐漸揭曉,誰光著屁股游泳,大家可以一次看飽。要笑,要吐,隨你。不急!

看了胡忠信在年代電視台那種醜陋的嘴臉，很多人一肚子悶氣。我只好把來自劉老大和劉特首的佳音，搶先透露一些，讓大家舒心解氣。

英雄考量民族興衰　不在乎選舉成敗

今天上午十點，劉老大在成功嶺預官受訓的童鞋馬英九，表現出色。

馬童鞋在馬習會的國際記者會中，開放提問長達一小時。沒有任何問題難得了他。他的回答有攻有守，神情自然愉快，展現的高度，讓我感覺馬英九總統回來了。

第一任的馬英九總統是萬人迷，連任之後卻成了萬人嫌。連原先擠著他吱吱叫的周玉蔻，都從愛馬仕變成了打馬急先鋒。胡忠信更不用說，進不了馬團隊，只好和馬的政敵結合，充當轟馬炮手。

馬英九選舉從未輸，但和名嘴辯駁從來沒有贏過。一位代表中華民國的現任總統，統帥陸海空三軍，卻天天在政論節目中被胡說八道的名嘴們霸凌。連來台觀光的大陸同胞

都看得於心不忍。因為再落後的國家，都不會如此惡意羞辱領導人。而領導含冤，就是國家受辱。

馬英九堅持原則，卻被說成不會做人。他的優點從反面看，就成為缺點。台灣政壇，他曾是真正的明星，缺點都被看成優點。當明星光環消失，偶像變成棄嬰，優點全部化成缺點。他的優缺點在一個銅板上，一體兩面。

我曾在書中寫馬英九，由於觀察入微，別有見地，不少同業請我吃飯。但今天的馬英九已經不再是我書中的童鞋，他正在蛻變。不但有第一任期的馬總統味道，還呈現著走出第二任期受難後的成熟沉穩。他的任期所剩不多，但我認為卸任後的馬英九，拋開總統官銜的羈絆，反而可以到大陸和世界各地自由行走，貢獻所學和經驗。台灣政壇目前看來，還是馬英九最稱頭。

馬英九和習近平雖然尚未見面，但一定相互了解。否則底下那麼多單位人員，是幹什麼吃的？台灣有那些政治人物在大陸撈好處，馬英九和習近平都了然於胸。劉老大觀察，馬習兩人有許多相似之處：勤政、清廉、反貪、打腐、喜歡中華文化、提倡倫理道德……等等。他們的政績差異，當然有些來自個性，但更多來自地域和制度。讓馬英九管大陸，名嘴豈敢妄議國政？時代力量豈敢違法示威？讓習大大管台灣，他一樣施展不開，說不定三個月就因海扁反對黨而下台。

習近平和馬英九能排除障礙，在新加坡以兩岸領導人身分進行馬習會，不但是歷史新頁，更對中華民族的未來，影響深遠。高度不夠的人只看選舉成敗，英雄人物考量的是民族興衰。讓我們一起高呼：馬習會萬歲！新加坡萬歲！！劉特首萬萬歲！！！

洪秀柱有提告並開記者會的義務

本來今天心情大好，打算寫一篇文章，讓胡忠信，姚立明等名嘴無所遁形。但看了年代電視的《新聞追追追》之後，稿子寫不出來。

我主張洪秀柱必須開記者會自清，像馬英九總統一樣接受記者無限次數的提問，並立刻向法院提出對胡忠信的刑事和民事訴訟。因為他說洪秀柱已經收了九千萬，這次扣案的三千萬支票是第四張。

胡忠信諷刺特偵組為什麼沒有傳訊他，居然片面相信洪秀柱的證詞。一個說謊成性的廢物，成了打擊司法不公的英雄。因此洪秀柱有義務出面駁斥，如果她有錯，則應該道歉，並詳加解釋。

會剪帶的網友把今晚節目的相關內容剪輯 PO 出，讓社會公議。大家耐心看完，就知道我為什麼如此要求。

馬英九優點依舊　缺點未改

節錄一些兩年多前我書中對馬英九的描述給大家瞧瞧：

我認為有馬英九這種人擔任中華民國總統，是所有華人的福氣。這種獨特的觀點，很容易被譏為馬迷，打成愛馬仕；但我不畏人言，堅持己見。除非馬英九變得「不馬英九」了，我才會批他、罵他，否則支持依舊，堅定不移。

我和馬英九雖然認識，但交情不深。他的辦事手段和用人方式，與我格格不入。於公，他從未徵詢我意見；於私，他未曾對我寄以腹心。「劉一刀」不是「金小刀」，我們兩人之間隔著千山萬水，距離遠著呢！

但我總覺得自己了解馬英九。他的優點依舊，缺點未改，而兩者其實是一體的兩面。對他由希望轉為失望的人，該怪自己識人不明。馬英九沒有改變，除了歲月催人老，小馬變老馬。

從我在法務部認識他起，十多年的政治生涯，他還是那個清廉自持、憂讒畏譏、守經有餘、權變不足的個性。所做所為依然尊重反對者，苛待自家人。方向正確，抱負高遠，卻父子騎驢，手段拙劣。辛苦流汗播種，未能歡呼收割。

如果我是馬英九，才不會像他一樣，維持民主風度，堅守法律原則。我心腸夠狠，了解人性，社會歷練豐富，見過各種角色。總統雖然民選，但當選之後卻大權在握，缺乏制衡機制，稍知變通手法，足以快意恩仇。

李登輝不畏清議，引進黑金鞏固權位，還不是有人叫他民主之父。陳水扁當權，干預司法，向企業收賄，東窗事發後，依然有人叫他台灣之子。李、陳兩人這種總統威風，在馬英九身上蕩然無存。

馬英九在華人地區，各有不同評價。台灣民眾責備他軟弱無能，大陸民眾讚美他清廉親民。其他地區認為他英語流利，一表人才，出現在世界領袖聚會場合，不丟面子。

我寫馬英九時，中共領導人是胡錦濤。有連胡會，吳胡會，宋胡會，就是缺了馬胡會。如今習近平當上中共領導，竟然在新加坡演出馬習會。兩岸最高領導正在一起寫歷史。可喜可賀！

劉老大心想，還好這次和習近平演對手戲的是馬英九，換其他人都顯得太弱。這也算是另一種對等、尊嚴吧？

馬英九和習近平　共創歷史功業

各位板凳，你們都看到了吧！劉老大成功嶺上的童鞋馬英九，是不是已經蛻變，破繭而出，化成蝴蝶？

歷史性的馬習會，兩岸領導人同樣出色。張志軍和馬英九一比，就差了一截。不是他不好，而是層級還不到總統、主席高度，有進步空間。

劉老大當預官時，到高雄鳳山陸軍官校找朋友。當時官校採學長學弟制，一年級看到二年級要敬禮，三年級見四年級先喊學長好。劉老大站在校園看學生走路的氣勢，就可判斷他是幾年級。國家級的領導人，尤其需要養成訓練和行政經歷，否則披著龍袍都不像個皇帝。

馬習會最讓劉老大喊爽的是，台灣名嘴周玉蔻在國際記者會鬧場，張志軍不理她，馬英九更不理她。小公主以為她

可以在記者會中發言，展現老記者的威力。不料扯破喉嚨抗議，卻像放了一陣響屁，臭味全球掩鼻。

周玉蔻在兩天前的政論節目中說，馬英九對兩岸的和平沒什麼貢獻，真正促進兩岸關係並懂國際政治的台灣人是李登輝和蔡英文。劉老大很少受驚嚇，當晚一聽如遭雷擊。這種無知的媒體人，本該限制出境在家反省，不料居然跑到新加坡丟人現眼。還好她沒有帶上胡忠信助陣。否則大陸和國外媒體，誤以為台灣記者，男的像胡忠信，女的像周玉蔻，男記女記都該禁足，今後跑新聞，只好累死陰陽人。

劉老大被雷打昏了，又被周玉蔻氣昏了，一時胡言亂語，大家不要介意。現在讚美馬英九童鞋，解解氣。

我說過，馬英九已經回復以前萬人迷的風采。他的敵人會更恨他，不過他的粉絲會回來。歷史會還馬英九公道的。不在乎個人毀譽，放手做他該做的事，這就是他的歷史地位。

讓我們一起高呼：馬習會圓滿成功萬歲！新加坡主辦圓滿成功萬歲！劉特首罵人給力萬萬歲！！！

劉老大向洪秀柱公開喊話

我最近的 PO 文,大家反應都很熱烈,尤其在聲討胡忠信、周玉蔻等不肖名嘴時。

這次胡忠信又在胡說八道了,但洪秀柱的鐵粉們很多都噤聲了。有人甚至希望我不要再和他糾纏,以免浪費生命。胡忠信是媒體首惡,是社會公害,是國家亂源。放過他,我要如何繼續監督其他媒體名嘴、政客?

最令我不滿的是洪秀柱。她那種正直不屈的形象感動了多少人,但胡忠信已經在張啟楷和高文音等人的節目兩度公開向她挑戰,同時挑戰國民黨和司法,她居然消音不見。洪秀柱是愛黨愛國的,她可以讓黨國繼續被胡忠信和年代新聞台凌遲嗎?她不該出面說點什麼嗎?她不是說過黨可以不要她,她不能不要黨嗎?

洪秀柱呼籲同志不要離開黨，離開黨的要回家，成為改革國民黨的力量。我則呼籲洪秀柱和她的競選團隊，趕快出面控告胡忠信並接受記者提問，這才能自清並釋疑。

現在當紅，一臉微笑的忠信大哥說的好，你不面對問題，問題就面對你。問題不在大小，關鍵在於態度。

柱柱姊，忠信大哥的話，妳聽到了嗎？

周玉蔻在馬習會鬧場　丟國家的臉

周玉蔻回來了！看她在電視上談馬習會，那種一把辛酸淚，滿口荒唐言的表演，劉老大一時不察，差點跟著掉淚。

周玉蔻其實沒哭，但那種刻意哽咽的腔調，所傳達的心酸委屈，足令愚者悲泣。她那裡是卅年的老記者，根本是青春不再的老演員。演得好，演得妙，演得呱呱叫！

光演悲情不算功夫。必須語調忽高忽低，神情時怒時喜，才見功力。

周玉蔻先哀怨地表述馬英九對不起台灣，製造悲情之後，接著誇耀自己，描述她如何在馬習會現場，憑著卅年的採訪經驗，搶到前排，讓習近平好像看了她好幾眼，而她也看到了習近平的笑容（習主席笑得有些靦腆）。小公主就

是小公主，觀察成熟男人，果然獨具隻眼。

小公主痛罵陸委會對台灣記者服務不周，會場前面都被大陸記者佔領。「要不是我的個子不高，人也不胖，那裡能夠趁著混亂，左拐右閃地鑽入大陸記者陣營，躲進新華社攝影機的三角架空間？」說到她不肥的身材和靈活的動作，小公主一掃對台灣前途悲哀的神情，喀喀喀地笑了！

笑聲一停，周玉蔻以她現場觀察的印象，評論馬英九和習近平的世紀之握。她以激動高亢的語氣，痛罵馬英九在習近平面前，像個討糖吃的小孩，視握手為莫大的光榮。「個子沒有人家高，身材沒有人家壯，還把人家的手往裡拉，緊緊不放。實在太丟臉！」

周玉蔻曾是馬迷，看到馬英九又叫又跳。因關說台新金控併購彰化銀行的事件不成，遷怒馬英九而由愛生恨。在她眼中，馬英九忽而小孬孬，忽而佛地魔。總之，馬英九沒有做對一件事，而每一件錯事都和他有關。

再不喜歡馬英九的人，都覺得還好這次和習近平握手的是馬英九而不是蔡英文，否則不是有人要搬個凳子墊腳，就是有人必須彎腰屈就。但周玉蔻不是凡品，連馬習握手照相，都能大作文章。

看到周玉蔻在這次馬習會中如此認真搶戲，卻搶不到機會提問，可見雙方幕僚和主辦單位確實用心。她動輒以資深記者身分教訓後進，洋洋得意。改天劉老大也以資深記者身分教訓她，讓她垂頭喪氣。大家等著瞧！

資深記者劉益宏　教訓資深記者周玉蔻

我對周玉蔻一直有一念之仁，希望她迷途知返，以致有粉絲誤會劉老大和她有染。劉老大為了小公主的前途，蒙此不白之冤，她卻不知自省，越走越偏，丟臉丟到國外。

周玉蔻經常端出資深媒體人的架子，要同台來賓尊重她的專業。問題是她的資深有目共睹，但專業卻不及格。

合格的記者會不查證郭台銘是否捐款三億元，供連勝文選台北市長嗎？會在道聽途說毫無證據的情況下，指責馬團隊收受頂新集團兩億元嗎？記者的職責是報導新聞，而不是製造新聞；是釐清事實真相，而不是散播謠言、混淆是非。

周玉蔻根本不是伸張正義的記者，卻藉記者名義向權貴靠攏，企圖牟取私利。有一天她打扮得花枝招展，喜孜孜

地告訴我：「老大，昨天晚上我到神旺飯店和蔡衍明喝春酒，大家喝得很高興。我還趁機把王健壯修理了一頓！」她的眼珠一直轉，瞄著我神情不對，立刻改口：「蔡衍明實在太巨大了，我不敢得罪他！」說完轉身，咚咚咚快步離開。

蔡衍明老是抱怨文人瞧不起他，我反問「你還不是一樣瞧不起文人？」因此建議他找些主筆名嘴們喝喝春酒聚聚。他問聚會要談些什麼？我說你沒學問大家都知道，因此和他們談些五四三的社會事就行。愈真實，愈有趣。蔡衍明是台灣首富，又是媒體大亨，請客當天，我有事沒去，聽說赴宴者不少。只是沒料到連鄙夷財團的周玉蔻也高興參加。不久我開除了蔡衍明，小公主則成為蔡首富的新打手。兩人為何鬧翻？何時分手？我不知道，也不想知道。

周玉蔻喜歡和高官、名流、巨賈應酬。每次都搶坐賓客首席，大談天寶舊事。不論治國理政、待人接物、新聞採訪，她都有話可說，說得又臭又長。只有我在場，小公主才不敢囂張。但劉老大討厭應酬，偶爾跑跑夜店，和她同桌吃飯機會不多。她在國內好為人師成了習慣，到國外誤以為兩國一制，她愛怎麼表就怎麼表，當然踢到鐵板。

周玉蔻在馬習會中的表現，是演員而不是記者。不讓提問就跑不出新聞了？劉老大的臉書有多少獨家新聞，那一條是公開提問問出來的？告訴妳線索都不知道去追查，預先公布答案給妳看，在節目中還講錯，有這種資深記者嗎？好意思賣弄記者專業嗎？帶著胡忠信去裸泳吧，反正真敢瞅的人不多，怕什麼？

不服氣嗎？再給妳一條線索。一中各表是馬英九一貫的堅持，他為什麼不公開説？

另一條給胡忠信，馬英九是三軍統帥，參與七年多的軍演和兵推，他知不知道中共部署的飛彈要打誰？

跑出正確答案，劉老大從此對你倆放手！

洪秀柱控告胡忠信　加重誹謗罪

洪秀柱已經向台北地檢署提出對名嘴胡忠信加重誹謗的
刑事告訴，她還是大家認識的那個柱柱姊。劉老大在此向
她公開道歉，希望她能原諒我的毛躁和心急。

忠信大哥，你說的不錯，現在問題面對你了。洪秀柱收了
九千萬圓仔湯的屁話，你繼續說吧。沒有其他媒體人會搶
你這次的話語權，包括獨家跑出四張支票假新聞的陳敏鳳
在內。特偵組為什麼不傳你，因為你的屁話眾所周知，毫
無證據價值，沒有資格以證人身分進特偵組。不過你放
心，洪秀柱提出告訴後，台北地檢署一定會傳你。因為
你放了太多屁，造成污染，成了公害，不抓起來打屁股
不行。

中華民國的司法機關讓劉老大最不滿的是縱容名嘴和政
客。言論自由當然應該保障，民意代表當然應該尊重。但

過度保障和尊重，如果造成謠言四起、民粹橫行的惡果，則應立即提起正義之劍，斬斷禍根。

胡忠信、周玉蔻最近官司纏身，讓我感覺司法官們已經普遍覺醒，了解民主社會中，堅定執法的重要。聯合報、張作錦，你們看到洪秀柱提告了嗎？要不要共襄盛舉，加入掃除社會公害行列？

馬英九和習近平　惺惺相惜

習近平實在太可惡了！把馬英九約到新加坡握個手，喝個酒，閒話家常，了無新意，居然搞得台灣政壇地動山搖。

馬英九實在太不聽話了！一個支持度九趴的總統，不乖乖在總統府呆著，當匹跛腳馬，思考卸任後的獄中生活。竟然在沒有二千三百萬台灣人民同意的情況下，穿著舊西裝飛到新加坡和習近平約會。

最氣人的是這次約會讓台灣名嘴政客不知如何解讀。該褒該貶，該喜該憂，莫衷一是。

馬習約會的性質是國際事件還是國內事件？中華民國總統和中華人民共和國主席握手，明明是國家領導人之間的互動，卻互稱先生，不提官銜。兩位先生還公開主張中國只有一個。這一個中國由馬習那位先生代表，兩人公開都

不說，私下才說。這種默契也未免太好了吧？難怪除了劉老大之外，很多人都看不懂。

雖然看不懂，但上了電視節目總要不懂裝懂。反正觀眾比他們還不懂，看圖說故事，批馬揚習就過關了。

看到最近台灣名嘴們這種批評馬英九，讚美習近平的表現，我真笑翻了。馬英九確實比習近平個子矮一些，但小習肚子比老馬大，整體看來，兩人外型在伯仲之間。馬英九是伯，習近平是仲，因為馬比習大三歲。

馬英九在揮手時是解開了西裝扣子，但有必要上綱到失禮失儀，丟台灣人的臉這種地步嗎？習近平不會在意這種小事的。他注重的是人必須慎始，從小就走向正確的道路，就像穿衣時第一個鈕扣不能扣錯，以免下面都扣錯了。在

習近平眼中，台灣政治人物扣子扣得最好的是馬英九，因此他要如何解開扣子都行，反正再扣都不會扣錯位置。扣扣姊，劉老大說了這麼多扣子的事，對妳今後的言行舉止有沒有幫助？

告訴大家一個秘密，馬先生為什麼喝多了？他為了給台灣爭面子，酒量雖然不行，還是努力地把習先生灌倒了。由於馬英九這種奮勇的表現感動習近平團隊，當場允諾馬先生返台之後，可以自行發布馬習會的成果，馬總統說的習主席一律承認。這種優惠以前沒有，以後也不會有。

劉老大的新聞和內幕才是真的，其他馬習會的評論都是胡說八道。不可輕信，以免上當！

（附註）

習大大給扣扣姐周玉蔻上一課扣子的故事

習近平2014年5月4日，在北京大學師生座談會上以「青年要自覺踐行社會主義核心價值觀」為題的講話中說：青年的價值取向決定了未來整個社會的價值取向，而青年又處在價值觀形成和確立的時期，抓好這一時期的價值觀養成十分重要。

這就像穿衣服扣扣子一樣，如果第一粒扣子扣錯了，剩餘的扣子都會扣錯。人生的扣子從一開始就要扣好。「鑿井者，起於三寸之坎，以就萬仞之深。」青年要從現在做起、從自己做起，使社會主義核心價值觀成為自己的基本遵循，並身體力行大力將其推廣到全社會去。（取自《習近平談治國理政》，第172頁）

不滿立法院杯葛　馬英九向全民報告

劉老大給中華民國總統馬英九放禮炮致敬。

立法院在民進黨的杯葛下，拒絕總統向國會報告馬習會，總統當然直接開記者會向全民報告。

全世界沒有一個國家可以將現任總統消音，除非發生政變，領袖身遭不測。

陳水扁卸任後因貪腐入監，都可以出書《關不住的聲音》，為自己辯解了，馬總統開記者會接受提問，誰曰不宜？難道中外記者集體拒絕出席？

沒想到一個即將下台的馬總統，能發揮這麼大的威力吧？他一旦擇善固執，發起脾氣來，可是很牛逼的！

幹得好，馬童鞋！

隔壁隣居，放禮炮。開始！

（附註）

隔壁鄰居是我一位粉絲的化名，她每逢稱心事，一定貼文，大放禮炮。

「馬習共識」取代「九二共識」
歷史新紀元

前總統李登輝果然配合黃國昌的時代力量,為台獨勢力公開造勢。他們否認有「九二共識」,馬習會只是雙方領導人為握手而握手,毫無意義。

我的童鞋馬英九,外號馬更正,對於誤解他的評論,特別喜歡更正。他的說詞始終如一,因為真相只有一個。但同一套說法,一聽再聽,誰都會煩。

如果我是馬英九,才不管外界如何評價馬習會,更不會提供一堆資料,說明確有「九二共識」。因為馬習會之後,「馬習共識」已經取代了「九二共識」。新共識是現在進行式,舊共識是過去式。放眼未來遠比爭論史實重要得多。

只要馬習兩人共同宣布,「九二共識」已經完成階段性任務,兩岸新共識由「馬習共識」取而代之。不承認「馬習

共識」，兩岸交流必然停頓倒退，甚至引發戰火。

沒有人會否認馬英九和習近平在新加坡的歷史性會面。他們公開談話所同意的部分就是「馬習共識」，未公開的協商叫「馬習各表」。共識各表若有爭執，台灣先問馬英九，大陸先問習近平。馬習同意者成為新共識，不同意者擇期會商。會商作出結論前，擱置爭議。

「馬習共識」取代「九二共識」，許多毫無意義的爭端迎刃而解。馬英九不只掌握話語權，還擁有解釋權，當不當總統，都是兩岸交流的重要角色。

馬英九、習近平能創造歷史，完成馬習會，接著以「馬習共識」取代「九二共識」只是順勢而為，小菜一碟。劉老大怕馬童鞋又要開記者會，會場答覆時又是一套到底，特別幫他想了這個辦法，不知各位板凳以為如何？

沈富雄當然知道馬英九的「一中各表」

這兩天沒 PO 文，並不是像小時候偷懶，作業沒交。而是查閱舊文，驚覺自己交了太多作業。有些內容已經流於瑣碎，必須改進。幸好立論前後一貫，並無矛盾之處。

兩天期間最引起我關注的是沈富雄對馬習會的看法。在我當名嘴之前，沈富雄是政論圈老大。胡忠信、姚立明等人畏之如虎。直到劉老大出現，他才變成大老。不過我倆相互欣賞，鬥口不鬥氣，也算難得。

沈大老自從看錯洪秀柱的選情之後，犯錯的比例增高。對兩岸情勢的發展和馬習會的效應，站在錯誤的角度觀察。不管他是不是流著台獨的血液，大老級的政治評論家是說不出馬英九在馬習會中有表如同沒表，懷疑「九二共識」是否真正存在這種話的。姚立明、胡忠信等人可以，因為他們的腦筋經常短路。但沈富雄不行，他以頭腦清晰著

名，又有大老聲譽，豈能淪為同一層次的政論名嘴？

全世界都認同馬習會重申了「九二共識」的一中原則，而承認此一原則才能繼續維持兩岸交流和台海和平。那還需要討論「九二共識」之有無嗎？馬英九表了什麼還不清楚嗎？

馬英九清楚地說明了「九二共識」這一名詞的來龍去脈，遵守一中原則反對台獨才能避免戰禍。他公開只能談一中，不能喊各表，避免馬習會破局，目的在維護中華民國的存在。馬英九的難處，姚立明、胡忠信等人十分清楚，卻故意為難馬總統，抹黑馬習會。沈富雄，難道你也要加入他們行列？

你說說，除了馬英九誰能在這種狀況下，促成馬習會？除

了馬英九的說法可讓習近平以大事小，採平等協商方式參加並完成這次歷史盛會外，誰有本事說得更好？

除非以後兩岸領導人不再見面，否則想會習近平者，不論蔡英文或朱立倫，規格和說法都超不過馬英九。沈大老，劉老大此一推論你同意嗎？我抽空看了你的臉書，發表這篇感想。能不能請你也抽空看看我的，就我提出以「馬習共識」取代「九二共識」的建議，發表些意見。

劉老大歡迎沈大老批評指教！

蔡英文正在消滅中華民國

馬習會之後，蔡英文終於上電視接受相互套招的記者提問，露出她的台獨本質。我同情她的處境，因為明年一月十六日，她會當選中華民國總統，同時按下中華民國滅亡倒數計時的按鈕。

命運一直在開蔡英文的玩笑。她年輕時遠離政治，中年後政治卻不斷向她招手。她主張台灣獨立，希望消滅中華民國，如今願望即將實現，她卻慌了手腳，不知該怎麼做，更不知該如何說。只好搖著中華民國國旗，唱著中華民國國歌，走完最後一里路，先把總統大位搶下再說。

蔡英文孤身一人被捧為民進黨黨主席時，很多人以為她會被架空，不料她竟然打敗各個山頭，大權在握。她對民進黨的奉獻，讓她創立英派，改變了民進黨和台灣的政治生態。如果她能同時改變台獨主張，避免台灣和大陸分

離，她對兩岸和世界和平的貢獻，無人可比。可惜她錯估局勢，企圖在當選總統後，把性屬統一的中華民國，質變為獨立的台灣共和國，目前已經展開布局。取大位耍小手段，習近平完全看在眼裡，台灣當然因她而有不測之禍。

蔡英文千萬不要以為她那種所謂籌組大聯合政府，勝選後民進黨不會獨吞勝利之果，以台灣民意為依歸足以對抗中共霸權的競選口號，可以阻擋大陸的祖國統一大業。她團結台灣的民心愈多，兩岸統一的腳步愈快。「九二共識」走到今天，在世人的集體見證下成了「馬習共識」，不是習框住馬，馬框住下任總統。而是中國人的百年屈辱終成過去，百年復興即將到來，這種浩蕩的潮流和趨勢框住了所有領導人。不只台灣、大陸不能違逆，美國、日本、英國、法國、天龍國、地虎國，莫不如此。

劉老大寧交兄弟，不交政客。三位總統候選人，朱立倫、宋楚瑜沒見過面，也沒通過電話。只有蔡英文，不但見過一次面，還吃過一次飯，相談甚歡。

那是四年前的總統競選期間。國民黨提出了不分區立委名單，廣受好評。民進黨提出不分區名單後，由於有柯建銘和段宜康等人，被許多名嘴嘲笑蔡英文沒有信心保護有戰力的自己人，並和形象不佳的人妥協。於是蔡英文和陳其邁找唐湘龍和劉益宏共進晚餐，私下徵求兩位為馬英九辯護不遺餘力的名嘴意見。

唐湘龍是政論泰斗，當然引經據典，分析得頭頭是道。劉老大只是社會賢達，好不容易輪到我說時，只簡單地告訴小英：「妳這不分區名單，實在太好了。妳在民進黨內，勢單力薄，排些自己人遂行己意，成立派系，難道不應該

嗎？馬英九都肯為王金平修改黨章，讓他續任院長。妳排柯建銘在院內領軍和他們對抗，更是明智之舉。名嘴們的屁話，千萬不要放在心上。」

劉老大這麼支持蔡主席，出乎她的意料。接著話匣子一開，江湖掌故、名流八卦，信手捻來，聽得小英主席臉色發光。

匆匆已過四年。劉老大退出名嘴圈，不問台灣世事。由於想寫《兩岸一本正經》，專注中共發展。蔡英文在台灣政壇的成就令我驚艷，但她對大陸進步的陌生，令我膽寒。她無意從政卻引領政治風騷，是命運開她玩笑。她千萬不可在走完最後一里路，總統大位到手後，不走統一而走獨立，使台灣地動山搖，開人民玩笑。

蔡英文準總統，妳的政見和施政，在不承認「九二共識」的情況下，都是鏡花水月，早晚成空。咱倆有一面之情，一飯之緣，善意的提醒，不要忘了！

劉老大的生日感言

我從來不過生日，因為平時該吃該玩，隨興而為，好像每天都在過生日。

我跑司法新聞時，司法院長是黃少谷。黃院長是黨國大老，有個兒子黃任中，兩人都很有名，都已過世。黃少谷生日前半年，就有人幫他慶生。半年前不約好時間地點，無法和黃大院長一起吃生日宴。

接黃少谷出任司法院長的是林洋港，我最敬佩的台灣政治人物。看過我《新聞一本正經》的讀者，可以感受到我和阿港伯之間的感情。

林大院長過生日，大概三個月前開始。後來的施啟揚如何，我沒問；但可推斷慶生期間愈來愈短。目前的司法院長，沒聽說有誰幫他過生日。

社會進步，淘汰了老派習俗。目前的網路時代，兒女傳個簡訊或卡片祝父母生日快樂，兩老都能相擁而泣感激下一代沒忘了日期。在兒子孝順父母的時代，我們當兒子。在父母孝順兒子的時代，我們當父母。國共內戰時代出生的人有福了，他們從小到老都在孝順別人，死後一定會被天父指派上天堂服侍。

劉老大沒有節慶觀念，每天都像過年過節。居無定所，隨遇而安，睡醒方知身在薇閣。臉書把我生日通知各位，蛋糕、美女雪片飛來，盛情感人卻口惠而實不至。

記得我那位搶菜的童鞋嗎？他祖母生前的交代嗎？吃不飽比不吃還餓！劉老大過臉書生日的感想是：看得到吃不到是最恐怖的誘惑，立刻在動態時報中隱藏。

「一國兩制」就是「一中各表」

今天才說暫停 PO 文，閉關寫書，眼見馬英九童鞋又因一時口誤而陷入困境，不得不挺身而出，為他解危。唉！馬童鞋，劉老大為了幫你，誠信都快發生危機了。

我沒求證，不確定馬英九總統是否真的在公開場合說「我在習近平面前提一國兩制」這話。也不知總統府是否真的澄清「一國兩制是一中各表的口誤」。我只是認為馬習會時，馬英九不論講「一中各表」或「一國兩制」，都講得好極了，也對極了。既沒口誤，也不必澄清。因為「一中各表」依馬英九的見解，就是「一國兩制」。

劉老大的看法，中共進入聯合國之後，所謂一中指的是中華人民共和國；但馬英九童鞋始終堅持一中是中華民國。中華民國分台灣地區和大陸地區，台灣採行民主制度，大陸採社會主義制度，這不是一國兩制是什麼？自由民主制

度和有中國特色的社會主義制度，是一個制度嗎？不是！
是兩制！

請蔡英文準總統告訴大家，馬英九總統錯在那裡？是一國
錯了，還是兩制錯了？並提出她真正的論述！

不談國事談房事
這就是台灣的總統選舉

藍營的政論名嘴,真的技不如人。王如玄買了幾間房子,既不違法,又未獲暴利,竟被批鬥得體無完膚。一堆道德水準比她差,貢獻社會比她少的綠營政客和媒體人,以罵王如玄買房轉移政策辯論焦點,藍營竟然不知如何反擊或另設議題搶話語權,讓我看得傻眼。

當律師的人,如果不知道在法律許可的邊緣投資、節稅,那是笨蛋,不叫律師。民眾找律師的目的,在解決法律難題,保障權益,減少損失。律師無法達成為當事人做最有利的辯護,是失職、失格。

不論國宅軍宅,都有購買的資格限制,或禁止轉賣的年限。只要不違反契約或法律規定,用何種方式買賣,由買賣雙方自行決定,承擔交易風險。善於理財者賺錢,反之

吃虧，如此而已。

不必無限上綱到這種錢我們不會去賺，而是不知道有這種錢可以如此合法地賺。那些經常在電視上妖言惑眾，死不認錯，卻拿通告費毫不臉紅的政客名嘴們，你們的社會觀感真的強過王如玄？

我無意替朱立倫、王如玄這組國民黨總統、副總統候選人辯護，兩人我都不認識。而且去年九合一大選後，我就和朋友打賭，政黨輪替是必然的結局。因為這次大選是統獨之爭，國民黨已被打成中共代理人，不輸掉總統大選才有鬼。

國民黨當然應該強化創造歷史的「馬習共識」帶給台灣的

巨大利益。一旦兩岸點燃戰火，有多少生命財產將瞬間毀滅，根本不該陷在王如玄買房的泥淖。一個力爭上游的律師，以聰明的方法理財，合法賺錢改善生活之後，為社會國家服務。這可以轉化為青年學習的勵志故事。

抹黑她的名嘴說，王如玄律師可以，但王如玄副總統候選人不行。就算這種說法有理，但我請問，王如玄副總統參選人有買軍宅嗎？每一戶都是王如玄律師買的。這麼專業又眼光獨到的律師，就劉老大看來，她落選後的律師業務，一定門庭若市。把抹黑辯成肯定，不必一路挨打，有那麼困難嗎？

姚立明幫柯文哲當選台北市長前，宣稱不入小內閣，不入北市府。柯P就任後他太太入閣成了法務局長，他也以眷屬名義跟著搬進了市府官舍。若以他的標準，他沒撿便

宜嗎？他道德水準很高嗎？他沒房子也租不起房子嗎？
他只是當不成副總統參選人而已，不是嗎？

各位名嘴政客們，真正影響台灣未來前途的議題是兩岸政
策。重要議題故意不談，卻天天談王如玄房事，這種社會
觀感不好吧？

後記

臉書、名嘴、兩岸。老大、特首、日記。
奇妙的網路組合。

我一直想寫一本有關兩岸的書，多次動
筆，半途而廢。因為文章充滿學者氣息，
又臭又硬，不像劉老大風格。

我半年前在朋友的激勵下，決定挺身而
出，修理不肖名嘴。今年八月中旬，發奮
苦學臉書，才花二十天，粉絲已達五千上
限。花甲老翁不服輸，從電腦白痴，自學
成為網路紅人。

我以寫日記的心情 PO 文，不計字數，不
拘形式，直抒胸臆，不畏人言。

沒有想到這種寫法，卻達成全部目的。名

嘴罵了，兩岸寫了，還搖身一變成了台灣特首，鼓吹和平統一，一國兩制。

因為是劉老大的臉書體，無法分割，只能集結。我按日期排列，讓讀者審核預言是否正確，觀點是否一致，以免老劉賣瓜，自賣自誇。我不是不肖名嘴和媒體人，有錯一定更正，並公開道歉。

我和粉絲們的互動對話，十分精彩，書上沒有納入。想一探究竟者，可查閱我的臉書。

三個月文章可集結成書，大家不妨試試。不管是賺是虧，給自己留個紀念。

兩岸一本正經
終極統一之路

Z000112

作者｜劉益宏

主編｜劉悅姒

美編｜徐蕙蕙

校對｜劉悅姒

出版者｜劉益宏

印刷｜勁達印刷公司

總經銷｜時報文化出版企業股份有限公司

地址｜桃園市龜山區萬壽路二段 351 號

電話｜(02) 2306-6842

傳真｜(02) 2304-9301

初版一刷｜2015 年（民 104）12 月

定價｜280 元

ISBN 978-957-43-3127-7

國家圖書館出版品預行編目（CIP）資料

兩岸一本正經：終極統一之路 / 劉益宏著. -- 初版. --
臺北市：劉益宏出版：時報文化總經銷, 民104.12
　　面；　公分
ISBN 978-957-43-3127-7（平裝）
1. 兩岸關係　　2. 時事評論　　3. 文集
573.09　　　　　　　　　　　　　104027425